최면은 **알**지도 **못**하는 사람의
글로 배우는 최면

최면은 알지도 못하는 사람의 글로 배우는 최면

펴낸날 | 초판 2쇄 2018년 10월 11일

글 | 손인균

그림 | 김호진

기획 | 박한진

편집, 디자인 | 김호진

펴낸이 | 박기주

펴낸곳 | 다크아트

주소 | 인천 중구 하늘별빛로 86

Tel | 010-4178-9007

Fax | 0303-3446-9075

Homepage | http://www.darkart.co.kr

Email | darkartpublication@gmail.com

이 책은 저작권법에 따라 보호받는 독창적인 저작물이므로 무단전재와 무단복제를 일체 금하며, 이 책의 내용 전부 또는 일부를 이용하려면 반드시 저작권자와 다크아트의 서면 동의를 받아야 합니다.

* 잘못 만들어진 책은 서점에서 교환해 드립니다.

ISBN 979-11-88308-09-5 (13180)

값 28,000원

이 도서의 국립중앙도서관 출판예정도서목록(CIP)은 서지정보유통지원시스템 홈페이지(http://seoji.nl.go.kr)와 국가자료공동 목록시스템 (http://www.nl.go.kr/kolisnet)에서 이용하실 수 있습니다. (CIP제어번호: CIP2017034327)

최면은 알지도 못하는 사람의

글로 배우는 최면

손인균 지음

서문 | 한 달 수입 3,000만원의 최면가　　　　　　　　　　　　8

1장 | 최면이 도대체 뭐야?

　　:: 잠재의식? 무의식? 그런거 몰라도 최면은 할 수 있다　　16
　　:: 최면에 대한 오해　　　　　　　　　　　　　　　　　17
　　:: 최면과 잠재의식　　　　　　　　　　　　　　　　　　19
　　:: 현대에 와서 새로이 접근하는 최면적 정신 모델　　　　21

2장 | 최면을 유도해 보자 : 인덕션Induction

　　:: 최면 유도란?　　　　　　　　　　　　　　　　　　　28
　　:: 최면 유도법 #1 : 눈동자의 마력과 사전면담　　　　　　30

:: 최면 유도법 #2 : 전후도법　　　　　　　　　　35

:: 최면 유도법 #3 : 손가락 붙이기　　　　　　　46

:: 최면 유도법 #4 : 풍선/버킷 테스트　　　　　　51

:: 최면 유도법 #5 : 눈꺼풀 붙이기　　　　　　　56

3장 | 최면을 깊게 해 보자 : 디프닝Deepening

:: 최면 심화 기본기 : 컴파운드, 링크, 침묵　　　67

:: 최면 심화법 #1 : 점진적 이완법　　　　　　　70

:: 최면 심화법 #2 : 오실레이션　　　　　　　　78

:: 최면 심화법 #3 : 팔 떨어뜨리기　　　　　　　90

:: 최면 심화법 #4 : 숫자 세기　　　　　　　　　94

:: 최면 심화법 #5 : 최면 현상 확인　　　　　　　95

:: 최면 심화법 #0 : 앵커와 트리거　　　　　　　108

4장 | 최면이 어떤 힘을 가졌는가? : 워킹 스테이트Working State

:: 워킹 스테이트 #1 : 손 붙이기　　　　　　　　121

:: 워킹 스테이트 #2 : 웃게 하기　　　　　　　　127

:: 워킹 스테이트 #3 : 최면 마취　　　　　　　　130

:: 워킹 스테이트 #4 : 플러스 환각　　　　　　　133

:: 워킹 스테이트 #5 : 마이너스 환각　　　　　　137

5장 | 최면에서 돌아나오기 : 클로징 Closing

:: 컨빈서 소거   146
:: 긍정 암시   146
:: 상쾌한 기분과 함께 각성   147
:: 최면 후 암시   148

6장 | 더 나아갈 길

:: 순간 인덕션   154
:: 압박법   156
:: 에릭슨 최면   163
:: 이미지 훈련   165

7장 | 최면적 치유와 코칭

:: 최면적 치유/코칭 플로우 차트   172
:: 사전 면담 : 캘리브레이션   174
:: 사전 면담 : 적극적 청취   180
:: 사전 면담 : 메타 모델 분석   189
:: 사전 면담 : LAB 프로파일링   198
:: 사전 면담 : S.M.A.R.T.E.S.T를 이용한 목적 설정   209

:: 사전 면담 : 해결중심요법   211

:: 세션 디자인   226

:: 최면 치유 테크닉 #1 : 순수의식   227

:: 최면 치유 테크닉 #2 : 시간적 접근   234

:: 최면 치유 테크닉 #3 : 공간적 접근   243

8장 | 프로 최면가가 되려면?

:: 전략적인 비즈니스 디자인   266

:: 최면 인증서의 진실   270

:: 최면 상담실과 사무실 세팅하기   271

:: 온라인 마케팅   273

:: 전문성을 확립하는 방법   275

::

한 달 수입 3,000만원의 최면가

   여기에서 말하는 「최면가」란 최면으로 상담 혹은 코칭을 행하는 임상최면가를 말한다. 이 책에서 앞으로 다룰 것이 최면을 통한 상담과 코칭이라는 점을 생각해 보았을 때, 필자의 과거 경험이 이 책을 읽을 독자 분들에게 한 가지 지표가 되었으면 하는 점에서 어느 정도의 수입을 얻는지를 설명하고자 한다.

   사람에 따라 다르겠지만 기본적으로 최면 코칭의 경우 1회 세션에 10만원~20만원 정도의 가격으로 세션 비용이 형성되어 있다. 필자는 처음 만나는 클라이언트 혹은 사안에 있어서는 무조건 기본 4회의 세션과 1회의 사전 미팅으로 총 5회를 만나는 것을 기본으로 했다. 이 경우 사전 미팅은 무료로 이루어졌다. 당시 세션 비용이 1회에 15만원 이었으므로, 클라이언트 한 사람과 하나의 주제에 대하여 최면 코칭을 진행할 때 기본 60만원으로 진행하였으며, 상황에 따라 추가 세션을 진행하는 경우도 있었다.

  최면 세션의 특성상 한 번의 세션 뒤에는 그 효과를 살펴보는 기간이 필요하기 때문에 대부분 1주일에 1회, 약 2시간 가량의 시간으로 세션을 하게 된다. 즉, 클라이언트 한 명과 작업을 할 때에는 기본적으로 한 달이 걸린다고 볼 수 있다.

  모든 사업이 그렇겠지만, 최초에는 한 달에 한 명의 클라이언트와 작업하는 것도 쉽지 않은 일이다. 하지만 3개월이 지나게 되었을 때에는 한 달에 평균 세 명의 클라이언트와 작업하게 되었으며, 6개월이 지났을 때에는 평균 한 달에 다섯 명의 클라이언트와 작업을 할 수 있게 되었다. 당시에는 학업을 병행하면서 최면 세션을 진행하였기 때문에 시간적인 문제로 취소했던 세션들을 생각해 본다면 사실 더 많은 세션이 가능했다고 본다.

  한 달에 세 명의 클라이언트와 작업한다고 했을 때, 교통비 등의 제경비를 제하고 난 뒤에는 약 150만원 이상이 남게 된다. 이 책의 뒤에서 자세히 설명하겠지만, 이 때 세션을 위한 비용을 절감시키면서도 동시에 클라이언트와 편안하게 작업할 수 있는 공간에 대한 노하우가 생기게 된다.

  이러한 식으로 한 달에 다섯명의 클라이언트와 세션을 한다면 수익은 250만원 가량이 된다. 평균적으로 한 세션의 시간을 길게 잡았을 때 두 시간 정도로 본다면, 최대 하루 네 명 까지 세션을 할 수 있다. 이렇게 된다면 주말을 모두 쉬고 한 달에 1,000만원의 수익이 나오게 된다.

이것이 가능한 이유는 최면 세션이라고 하는 시장 자체가 시간 단위 비용이 높게 책정되어 있는 것에 기인한다. 또한, 고정비와 제경비를 얼마나 합리적으로 통제하는가에 따라 비용을 상당히 줄일 수 있다는 장점도 있다. 그러므로 단순히 박리다매로 자신의 서비스를 헐값에 파는 것이 아니라 충분한 시간과 노력을 들여서 그에 적합한 서비스를 제공할 수 있으며 그에 합당한 보상을 받는 것이 최면이라고 하는 서비스이다.

만약 당신이 전문 최면가를 꿈꾼다면, 한 달에 한 명의 클라이언트와 작업하는 것을 목표로 하여 노력을 하면 되는 것이다. 이것을 꾸준히 계속 하게 되면 어느 새 한 달 내내 일정이 가득 찬 일정표를 볼 수 있을 것이다.

또한 최면으로 수익화를 할 수 있는 것은 세션에 국한되지 않는다. 만약 최면 강의를 할 경우는 수익성이 어떨까? 아주 보수적으로 생각해서 기초적인 자기최면 강의를 2시간, 25만원에 진행한다고 생각하자. 그리고 SNS나 블로그 활동 등에 따라 다르겠지만 이것을 10명이 신청했다면 두 시간에 250만원의 수익이 난다.

만약 정규 최면 강의를 하게 된다면 보통 100만원에서 200만원 사이로 과정이 형성되어 있으며 시간은 보통 20시간~40시간 정도로 진행된다. 이 역시 10명이 신청한다고 보면 1,000만원 혹은 2,000원 만원 정도의 수익을 낼 수 있다고 볼 수 있을 것이다.

여기에 더해서 여러가지 형태의 최면 음원을 판매할 수도 있다. 녹음을 통해 특정한 최면을 유도하는 것으로 이는 디지털로 판매되는 경우가 많기 때문에 많은 사람들이 간단하게 접근할 수 있고, 평균적으로 세션을 하는 클라이언트의 다섯배 정도의 사람들이 음원을 구입한다. 그러므로 최면 음원이 3만원이라고 한다면 75만원 가량의 부수입을 생각해 볼 수 있다.

  필자 역시 최면 세션과 강의를 통해 한 달에 3,000만원의 수입을 올렸던 적이 있다. 그만큼 최면이라는 시장은 아직도 잠재성이 무궁무진한 시장이다.

01

::

최면이 도대체 뭐야?

01

::

　대부분의 최면 서적에는 「최면」이라고 하는 것에 대한 정의를 내리는 것으로 시작한다. 그리고 애석하게도 이 부분에서 매우 많은 이야기를 할애하고 있지만 그다지 일반인들이 쉽게 이해할 수 있는 이야기를 하고 있지는 않다.
　그러므로 여기에서는 가능한 한 짧으면서도 쉽게 이해할 수 있도록 최면이란 무엇인가에 대한 설명을 해 보도록 하자.

▌잠재의식? 무의식? 그런 거 몰라도 최면은 할 수 있다

일반적으로 최면에 대해 설명할 때 가장 많이 사용하는 개념이 「무의식」 혹은 「잠재의식」이라는 개념이다. 무의식과 잠재의식이란 우리가 인식하거나 의식하지 못하는 정신의 영역이라는 의미로 주로 사용한다. 즉, 우리의 평상시에 의식하지 못하는 행동이나 감정적 반응 등을 담당하는 것을 무의식과 잠재의식이라고 칭하는 것이다.

이러한 이유로 인해 잠재의식과 무의식을 이해해야만 최면을 할 수 있다고 오해하는 사람이 많다. 하지만, 최면에서 잠재의식과 무의식이란 최면적 현상과 과정을 설명하기 위한 도구에 지나지 않는다. 실제로 몇몇 최면가의 경우에는 최면을 설명하고 실천할 때 잠재의식과 무의식을 사용하지 않고도 성공적으로 최면 작업을 마치는 경우도 있다.

오히려 잠재의식과 무의식이라는 생소한 개념을 사용하기 때문에 최면과 무의식에 대한 잘못된 인식을 만드는 경우도 있다. 그렇기 때문에 입문자에게는 무의식과 잠재의식에 대한 개념을 사용하지 않고 최면을 설명하고 실천하는 것이 더 도움이 된다. 이 책에서는 앞으로 잠재의식과 무의식이라는 개념을 사용하지 않고 최면을 가장 쉽게 이해할 수 있으며 어렵지 않게 사용하는 방법을 차근차근 설명해 가도록 하겠다.

최면에 대한 오해

많은 사람들이 최면을 마치 마법과도 같이 생각한다. 심지어는 실제 최면을 행하는 최면가들도 최면에 대해 잘못된 인식을 가지고 있는 경우가 있다. 이와 관련하여 매우 많은 오해들이 있지만 간단하게 대표적인 최면에 대한 오해들을 짚어볼까 한다.

1) 최면은 이완이 아니다

「최면」이라고 하면 가장 먼저 떠오르는 것은 의자에 힘이 다 빠진 채로 늘어져 있는 모습일 것이다. 그러므로 당연히 최면이라고 했을 때 신체적인 이완을 생각하는 것도 무리는 아니다. 하지만 최면이라는 것은 단순히 수동적으로 받아들이기만 하는 것은 아니다.

물론 편안하게 이완하는 것이 최면 작업을 하기에 쉬운 상태 중 하나이기는 하다. 하지만 최면이란 단순히 모든 것을 놓아두고 최면가가 입력하는 암시를 마치 컴퓨터에 명령어를 입력하듯 입력하는 것은 아니다. 수많은 영화 등에서 이런 모습이 많이 나오기 때문에 오해하기 쉽지만 최면이란 의식을 잃거나 자유 의지가 사라지는 것과는 무관하다.

2) 최면은 자유의지와 의식을 잃지 않는다.

영화나 만화 등에서 가장 많이 볼 수 있는 모습이 최면이 의식을 잃게 하고 자유의지를 조종하는 모습일 것이다. 하지만 최면이란 최면가와 피최면자가 함께 같은 작업을 해 나가는 관계이다. 우리가 헬스장에서 PT를 받을 때 의식을 잃은 채 트레이너가 시키는 대로 하지 않는다. 트레이너는 필요한 운동을 지시하고 시범을 보이고 제대로 하고 있는지 확인하는 것 뿐이며 실제로 운동을 하는 것은 트레이너가 아니다. 이처럼 최면도 최면가는 무엇을 해야 하고, 제대로 하고 있는지를 확인하는 것이며 실제로 최면을 체험하는 것은 피최면자의 역할이다.

공연용 최면 등에서 마치 의지와는 무관하게 사람을 조종하는 것처럼 보이기 때문에 이런 오해를 하기 쉬운데, 공연 최면 등에서는 이미 무대 위에 피최면자로 자발적으로 올라온 것 자체가 최면이라는 놀이에 함께 하겠다는 표시인 것이다. 또한, 올라온 수많은 지원자들 사이에서 최면적 반응성이 좋은 사람을 찾아내기 때문에 매우 쉽게 최면적 현상을 만들어 내는 것도 이유가 될 수 있다.

그러므로 최면이란 의식을 잃고 누군가 조종하는 것이 아니라, 운동을 하는 것처럼 최면가가 제시하는 것을 직접 행하고 그것을 제대로 따랐을 때 최면적 효과가 일어나는 것이라고 생각하면 된다.

최면과 잠재의식

일반적으로 최면과 한 쌍으로 언급되는 것이 잠재의식(Subconscious Mind)이다. 많은 사람들이 최면은 잠재의식에 영향을 주는 것이라고 알고 있고, 넓은 범주에서는 그것이 틀린 것은 아니다. 하지만 이러한 이야기는 최면가가 최면을 모르는 사람에게 설명할 때에 사용해야 하는 것이지 실제로 최면을 사용하는 입장에서는 다른 관점을 취할 필요가 있다.

기본적으로 최면이란 「비판적 사고를 우회하여, 잠재의식에 선택된 사고를 확립하는 것」이라는 최면가 데이브 엘먼(Dave Elman)의 정의를 따른다. 그리고는 많은 최면 강의에서 최면이 제대로 되지 않는 것은 이 비판적 사고를 우회하지 못하는 것 때문이라고 한다.

비판적 사고란 외부의 여러 메시지들 사이에서 잠재의식으로 통과시키는 메시지와 그렇지 않은 메시지를 걸러내는 기능을 말한다. 비판적 사고를 우회하지 못한다는 것은 피최면자가 과도하게 경계하거나 두려워하기 때문에 최면가가 하는 제안들을 받아들이거나 이행하지 못하는 것을 의미한다. 예를 들면 처음 보는 사람이 "눈을 감아 보세요."라는 말을 따라주는 사람은 거의 없다. 왜냐하면 처음 보는 사람에 대한 경계 혹은 불안감이 사라지지 않은 상태에서 그 제안을 따랐다가는 무슨 일이 생길지 모르기 때문이다. 이와 같이 최면에서도 최면가가 하는 최면적 지시들이 작동하지 않는 것은 피최면자가 최면 혹은 최면가에 대해 가지고 있는 불안감 때문이라고 본다.

이러한 관점에서 정신의 비판적 사고는 두 가지 기능을 한다. 첫 번째는 말도 안 되는 헛소리를 알려주는 경보기와 같은 기능을 하는 것이다. 앞에서의 예와 같이 아무런 이유 없이 내게 눈을 감아달라는 요청을 하는 사람은 무언가 이상하다는 것을 직관적으로 알 수 있다. 이것이 비판적 사고의 첫 번째 기능이다.

  두 번째 기능은 기존에 가지고 있던 가치관을 보호하고 유지하는 기능이다. 보통은 새로운 것을 처음 접할 때에 그 대상에 대한 가치관이 계속 유지된다. 예를 들어 공부를 열심히 해서 좋은 성적을 받았는데 부모님이 제대로 칭찬을 해 주지 않거나 오히려 더 좋은 점수를 받지 못했다고 혼낸다면 '열심히 해도 보상을 받지 못한다.'라는 가치관이 자리잡게 된다. 비판적 사고는 이렇게 기존에 자리잡은 가치관을 그대로 유지하기 위해 특별한 이유가 없이는 새로운 가치관을 받아들이지 않는다. 그러므로 기존 가치관을 위협하지 않는다면 어렵지 않게 비판적 사고의 문을 열어주지만 가치관을 위협할 것이라고 판단되면 비판적 사고를 닫아 걸어버린다.

  기존의 최면에서는 이렇게 불안함과 기존에 가지고 있던 가치관에 부합하지 않는다는 두 가지 비판적 사고의 문제로 인해 최면 작업에 문제가 생길 수 있다고 봤다. 하지만 반대로 생각해 보자. 과연 어떤 사람이 불안하고 자신의 가치관에 위배되는데도 돈과 시간을 쓰면서 최면 상담을 받으러 올까? 심지어 인터넷의 발달로 인해 현재 대부분의 사람들은 최면 상담을 받기 전에 최면에 대해 필요한 만큼 알아보고 최면을 선택한 사람들이다. 그러므로 최면의 실패에 대해 더 이상 과거에 사용하던 이유를 적용시킬 수는 없게 되었다. 그렇다면 도대체 현대에는 무엇이 문제인 것일까?

▌현대에 와서 새로이 접근하는 최면적 정신 모델

　최근에 뇌과학 분야에서 다루는 개념 중에 뇌의 디폴트 네트워크(Default Network)라는 개념이 있다. 이것은 아무것도 안하고 있을 때, 뇌의 활동 상태를 말한다. 즉, 컴퓨터를 켜 둔 채로 아무런 프로그램을 작동시키고 있지 않을 때에 CPU나 램 등의 리소스를 얼마나 점유하고 있는지와 같은 것이다.
　많은 사람들이 우리는 뇌의 5~10%만 사용하고 있다는 이야기를 들어봤을 것이다. 그리고 그러한 글의 마지막에는 5%라도 더 사용하면 천재들이 사용하는 것처럼 뇌를 사용할 수 있다는 이야기가 꼭 붙게 된다. 하지만 실제는 정 반대이다.
　뇌의 디폴트 네트워크 상태에서는 우리가 뇌를 사용하는 정도가 평균적으로 90%에 육박한다고 한다. 바꿔 말하자면 컴퓨터를 켜 놓고 아무것도 안하고 있는데 CPU와 램 점유율이 90%를 찍고 있다는 것이다. 그러므로 평상시에도 사실상 90%에 가까울 정도로 뇌를 사용하고 있으며 사용하지 않고 있는 영역이 10% 정도라고 생각하는 것이 더 정확하다.
　이 디폴트 네트워크의 값은 깨어있을 때에는 90% 가량, 잠들어있어도 85% 정도로 밖에 떨어지지 않는다. 만약 스트레스가 증가하게 되면 98% 혹은 99%에 가깝게 이 값이 올라간다. 이렇게 되면 뇌에서 처리할 수 있는 리소스가 극단적으로 줄어들기 때문에 사용할 수 있는 기능은 하나도 없게 된다.
　대부분의 현대인은 지속적인 스트레스 상황에 노출되어 있다. 그러므로 90%가 아니라 95% 가량의 리소스를 항상 사용하고 있는 상태이며 이것은 과거에 우리가 체험하고 기억했던 것들이 삭제되지 않고 계속 남아있기 때문에 계속해서 높아진다. 그러므로 현대인들에게 최면이 작동하지 않는 이유는 뇌에서 더 이상 새로운 무언가를 처리할 수 있는 자원이 부족하기 때문이라고 봐야 한다. 비판적 사고에 대한 접근은 이 스트레스 상황이 상대적으로 덜했던 70~80년대에나 적용시킬 수 있는 이야기이다. 현대에는 오히려 그러한 문제는 해결되었지만 최면이라고 하는 프로그램을 문제 없이 작동시킬 수 있는 뇌의 리소스가 부족한 상태이다.

그러므로 최면이란 무언가를 하도록 하는 것이 아니라 반대로 무언가를 하지 않도록 해서 이 리소스를 확보하는 것을 우선으로 해야 한다. 만약 이 리소스가 제대로 확보되지 않았다면 최면 뿐만이 아니라 그 어떠한 기법을 사용해도 제대로 작동하지 않는다. 바꿔 말하자면 최면이 제대로 되지 않았다면 그 사람이 과도한 스트레스나 과거의 프로그램을 삭제하지 않아서 뇌의 리소스가 과도하게 점유되고 있는 것은 아닌지 확인해야 한다.

이 책에서는 이러한 관점에 기반하여 최대한 리소스를 사용하지 않고, 리소스를 확보하는 방식으로 최면을 유도한다. 최면적 변화는 이렇게 변화를 일으킬 수 있는 뇌의 자원을 확보한 뒤에나 가능한 것이다. 이것만 알고 있어도 최면을 실천하는 과정에서 겪을 수 있는 수많은 실패를 미리 예방할 수 있다.

그러면, 이제부터 본격적으로 최면의 유도에 대해 이야기를 풀어가도록 하자.

02

::

최면을 유도해 보자 : 인덕션Induction

02 |

::

유도 단계의 목적 : 눈꺼풀이 붙어서 떨어지지 않는다.

최면에서는 아무리 멋진 이론을 알고 있어도 실제로 최면을 유도해 보지 않았다면 아무런 의미 없는 공염불에 지나지 않는다. 말만 번지르르한 최면가가 되지 않기 위해서는 최면을 "한다"라는 것과 "안다"라는 것의 차이를 알고 항상 실천에 매진해야 할 필요가 있다.

최면 유도란 말 그대로 피최면자를 최면으로 유도하는 방법을 말한다. 영어로는 인덕션(Induction)이라고 한다. 최면 유도법은 최면가들의 수만큼 있다고 해도 될 정도로 많은 종류가 있다. 해외의 어떤 최면 클래스에서는 다양한 인덕션만을 강의하는 클래스가 있을 정도로 다양한 인덕션이 있다.

이 책에서는 다양한 인덕션을 소개하지는 않을 것이다. 여기에서 소개할 인덕션은 여러 종류의 인덕션들의 일부를 재구성하여 가장 확실하면서도 안정적으로 최면을 유도하는 방법을 소개하고자 한다.

▎최면 유도란?

최면 유도란 과연 어떤 현상을 말하는 것일까? 어떤 최면가는 특정한 뇌파 상태로 유도하는 것이라고 말하기도 하며, 또 어떤 최면가는 신체적 이완 상황을 이야기하기도 한다. 또한 반대로 감정적인 반응이나 표현이 쉽게 나타나는 상태로 유도하는 방법을 이야기하기도 한다. 이만큼 최면 혹은 최면 유도에 대한 정의 역시 다양하다.

이 책에서 정의하는 최면 유도란 다음과 같다. 「의식을 외부에서 내부로 돌리는 것」이 바로 그것이다. 어떠한 방법이 되었건 어떠한 사람의 의식을 외부에서 내부로 돌리는 방법이 있다면, 그것은 최면 유도라고 볼 수 있다.

여기에서 외부란 한 사람의 외적인 환경을 의미한다. 눈에 보이는 사물이라거나 귀에 들리는 소리와 같이, 자신이 스스로 만들어 내거나 생각해내거나 떠올리거나 하지 않고 자신과는 무관하게 움직이고 존재하는 객관적인 대상들을 외부/외적 환경이라고 볼 수 있다.

그 반대로 내부는 한 사람의 내적인 활동이라고 볼 수 있다. 이것은 정신적인 활동을 비롯한 주관적인 체험을 포함한다. 여기에 포함되는 것을 나열해 보자면 생각, 감정, 정서, 욕망, 느낌, 기분 등을 들 수 있다. 즉 내부 혹은 내면이란 한 사람이 주관적으로 체험하는 것이며 타인과 완전히 같은 것을 공유하지 못하는 것을 말한다.

이러한 의미에서 최면 유도를 다시 풀어서 설명해 보자면 다음과 같이 설명할 수 있을 것이다. 「의식을 외적인 객관적 사실 혹은 환경에서 개인의 주관적인 체험인 생각, 감정, 정서, 욕망, 느낌, 기분 등으로 돌리는 것」. 영화를 예로 들어보자. 영화관이라고 하는 객관적인 사실에서 영화의 스토리 혹은 영화에서 느껴지는 느낌이라고 하는 주관적인 체험으로 우리의 의식을 옮긴다. 이러한 점에서 본다면 영화도 매우 훌륭한 최면 유도의 도구가 될 수 있다.

이러한 관점에서 본다면 일상 생활에서도 최면 유도는 상당히 자주 일어난다. 함께 여행을 갔던 친구와 당시에 찍었던 사진을 함께 보면서 여행의 추억을 떠올린다면 사진을 도구로 최면 유도를 한 것이다. 대화를 하던 중에 어떠한 단어에 자극되어 감정적으로 반응하게 되었다면 그 단어를 통해 최면 유도가 일어난 것이다. 이렇게 최면 유도는 우리 생활의 주변에서 자주 찾아볼 수 있다.

최면 유도는 이렇게 우리 주변에서 자주 일어나지만 이것을 의도적으로 일으키기 위해서는 학습과 훈련이 필요하다. 그렇기 때문에 최면 유도법을 배워야 하는 것이고 훈련하는 것을 통해 자신의 것으로 만들어야 하는 것이다. 만약 최면 유도법을 제대로 익히고 훈련한다면 충분히 최면을 체험하고 싶어하는 사람들에게 최면을 유도할 수 있게 될 것이다.

자, 그러면 본격적으로 최면 유도법을 배워보자!

▌최면 유도법 #1 : 눈동자의 마력과 사전면담

눈동자의 마력 & 사전면담의 목적 : 시선을 이용하여 진정한 피최면자를 바라보는 것.

최면은 언제부터 시작할까? 최면이라는 말을 시작하는 순간? 눈을 감는 순간? 바로 최면가와 대화를 시작하는 순간부터 최면은 시작한다. 이것을 사전 면담(Pre-Talk)이라고 하며 최면가와 피최면자가 최면을 시작하는 첫걸음이 된다.

일반적으로 사전 면담 단계에서는 최면에 대한 기본적인 설명을 해 주는 것이 대부분이다. 사전 면담에서 주로 이야기하는 주제는 아래와 같다.

- 최면은 의식을 잃는 것이 아니다.
- 최면은 자유의지를 잃는 것이 아니다.
- 최면은 사람을 조종할 수 없다.
- 최면은 자신이 감춰둔 비밀을 말하게 할 수 없다.

일반적으로 이 사전 면담의 목적을 최면에 대한 두려움을 제거하고 최면에 대한 궁금증을 해소하는 것이라고 설명한다. 왜냐하면 피최면자가 최면에 들어가지 못하는 것은 최면을 두려워하기 때문이라고 보았기 때문이다. 하지만 이러한 것은 최면에 대한 정보에 쉽게 접근하지 못했던 시절의 이야기이다. 현재는 인터넷 등을 통해 누구나 최면에 대해 알아보고 세션을 진행하기 때문에 최면에 대해 잘 알지 못하거나 두렵기 때문에 최면에 들어가지 못하는 경우는 거의 없다.

그렇다면 사전 면담의 진정한 목적은 무엇일까? 그것은 최면가와 피최면자 사이에 인간적인 관계를 형성하기 위함이다. 이를 상담 용어로 래포(Rapport)라고 한다. 누군가에게 부탁을 받았다고 했을 때 평상시에 친분이 있는 사람의 부탁을 그렇지 않은 사람의 부탁보다 우선할 가능성이 높다. 이와 같이 최면을 할 때에도 최면가에 대하여 인간적인 호감을 얼마나 가지고 있는가가 중요하게 작용한다.

그러므로 사전 면담에서 가장 중요한 것은 얼마나 짧은 시간 내에 최면가와 피최면자 사이의 호의적인 관계를 형성하는가가 된다. 최면가와 피최면자가 사전에 알고 있던 사람이라면 상관 없으나 대부분의 경우는 첫 세션에서 만나는 것이 처음인 경우가 많기 때문이다.

물론 서적 등을 통해 대화술 등을 공부하는 것도 여기에 도움이 된다. 하지만, 여기에서는 그보다는 더 직접적이고 효과적인 요령인 「눈동자의 마력」을 설명하고자 한다.

이미 「눈동자의 마력」은 다른 서적[1]에서 설명된 적이 있다. 눈동자의 마력이란 시선을 능동적으로 사용하는 방법을 말한다. 여기에는 타인의 시선을 활용하는 법과 함께 자신의 시선을 사용하는 법이 있으며, 이번에 소개할 것은 후자의 방법이다.

우리는 상대방과 대화를 할 때 자신의 시선과 초점이 어디에 향하고 있는지 신경 쓰지 않는 경우가 많다. 대다수의 경우는 상대와 자신의 중간 어딘가에 시선과 초점이 향해있는 경우가 많다. 이것은 사실 대상을 바라보고 있는 것이 아니라 내 머릿속에서 만들어진 이미지를 중간에 투영해 놓고 그것을 바라보고 있는 것이다. 즉 상대방과 대화를 하고 있다고 생각하고 있지만 사실 상대방과 대화하고 있는 것이 아니라 내 머릿속에 만들어 놓은 상대방의 이미지와 대화를 하고 있는 것이다.

대부분의 사람들은 이러한 식으로 대화하고 소통하고 있기 때문에 진심으로 자신을 바라보고 자신에게 시선을 향한 채로 대화하는 사람에게 호감을 가지도록 되어 있다. 눈동자의 마력이란 이렇게 내가 투영한 이미지가 아니라 진짜 상대방을 바라보는 방법을 훈련하는 것이다. 이 상태로 대화를 하게 되면 그 자체로 상호간의 친밀감이 빠른 속도로 생겨나게 된다.

---

1) Dr.Z, 『다크아트 : 타인을 지배하는 어둠의 최면』, 스타일라이프, 2012.

김동한, 『자연류 전략 커뮤니케이션 : 타인을 조종하는 가장 강력한 테크닉, NSC!』, 다크아트, 2017.

우선은 사람이 아닌 주변에 있는 물건을 대상으로 훈련해보자. 책상 위에 물건을 올려놓고 처음에는 평범하게 그 물건을 바라본다. 그 뒤에는 눈의 초점을 그 물건의 표면으로 옮긴다. 이 때 많은 경우 초점을 밀어내는 듯한 느낌이 든다.

이렇게 물건의 표면에 옮긴 초점으로 표면의 촉감을 느껴본다. 마치 초점이 손가락이 된 것처럼 상상하고 상상의 손가락으로 표면을 만진다는 느낌을 가진다. 그렇게 되면 실제로 만지지 않고 있지만 내가 알고 있는 물체의 촉감을 쉽게 느낄 수 있게 된다.

시선으로 대상의 촉감을 느낄 수 있게 된다면 시선으로 느끼는 범위를 조금씩 넓혀보도록 한다. 처음에는 손가락 하나 정도의 넓이였다면 점차 넓혀가면서 시선으로 만져보는 범위를 넓힌다. 대체적으로 직경 10cm 정도의 넓이 까지는 큰 어려움 없이 하는 경우가 많다.

이렇게 시선을 이용하여 대상을 넓게 만질 수 있다면 시선의 면적을 옮겨가면서 만져보도록 한다. 물체의 굴곡이나 질감의 차이 등을 느껴본다. 대상이 되었던 물건 만이 아니라 그 옆에 있는 책상과의 차이 등등을 다양하게 느껴보도록 한다.

다음으로는 대상의 뒷면으로 초점을 이동해보도록 하자. 방법은 초점을 대상의 표면에 둔 상태로 초점이 대상의 표면을 타고 가면서 뒤쪽으로 이동하면 된다. 처음에는 어려울 수 있으니 시야의 80% 정도는 눈에 보이는 곳에, 20% 정도는 보이지 않는 곳에 둔다. 그렇게 되면 보이지 않는 곳의 촉감은 보이는 곳을 기반으로 하여 어느 정도 상상하여 만들어 낼 수 있게 된다. 이 비율을 점차 늘려가면서 최종적으로는 완전히 보이지 않는 뒤편의 촉감도 상상으로 느껴보도록 한다.

마지막 방법으로는 대상과 나 사이에 종이와 같은 가림막을 두고 그 가림막을 뚫고 대상을 보는 것이다. 시선이 가림막을 넘어 그 뒤에 있는 대상에 닿는 듯한 느낌을 가지고 시선으로 대상을 만져보도록 한다. 처음에는 가림막이 대상과 바로 붙어 있는 상태에서 훈련하면서 익숙해지면 점차 대상과 가림막의 거리를 두고 훈련하도록 한다.

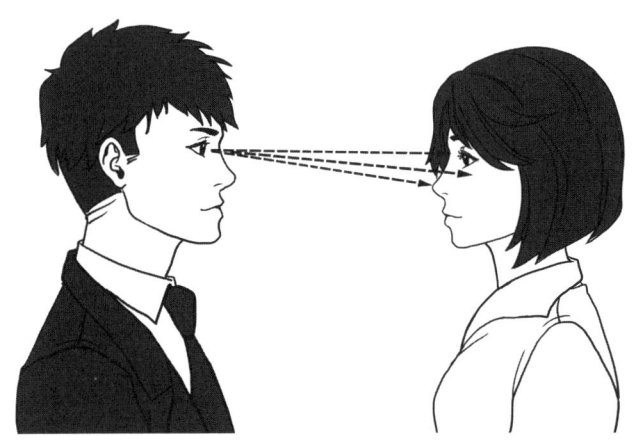

〈 눈동자의 마력으로 타인을 보는 법 〉

이 눈동자의 마력 훈련을 마치게 되면 시선을 이용하여 진정한 상대방을 바라볼 수 있게 된다. 이렇게 손에 넣은 눈동자의 마력을 이용하여 상대방을 바라보면서 사전 면담을 행하게 되면 쉽게 상대방과의 친밀감을 쌓을 수 있게 될 것이다.

눈동자의 마력을 이용하여 상대를 보게 되면 마치 상대의 피부나

옷의 촉감 등이 만져지는 것처럼 느껴지게 된다. 이것을 계속 사용하면서 대화를 하면 그 사람의 배경이나 성별, 외모 등의 요소들 보다는 그 '사람' 자체가 느껴지게 된다. 이 느낌을 통해 서로가 마음 속 깊은 곳에서 연결감을 가지게 되는 것이다.

이 방법은 사전 면담 단계에서만 하는 것이 아니라 앞으로의 모든 단계에서 하면 가장 좋다. 그러므로 평상시에도 이 눈동자의 마력 훈련을 거듭하면서 힘들이지 않고 눈동자의 마력을 사용할 수 있게 되는 것이 좋다.

▌최면 유도법 #2 : 전후도법(前後倒法)

전후도법의 목적 : 최면가의 말에 따라서 몸이 앞/뒤로 쓰러지는 것.

사전 면담이 끝난 뒤에는 본격적으로 최면의 유도에 들어간다. 곧바로 최면 유도에 들어가는 것은 아니고 가볍게 최면가가 지닌 최면적 능력을 보여주는 것으로 시작한다. 이를 통해서 피최면자는 「최면」이라고 하는 자신이 알지 못하는 세계에 들어간다는 실감을 줄 수 있으며, 최면가는 피최면자가 쉽게 다음의 지시에 따라오도록 하는 발판을 만들 수 있다.

두 번째 유도법으로는 전후도법(前後倒法)을 테스트한다. 전후도법이란 피최면자가 눈을 감고 곧게 선 상태에서 최면가의 최면적 제안에 따라 앞 혹은 뒤쪽으로 쓰러지는 것을 말한다. 이 때 최면가는 피최면자를 건드리지 않고 말을 할 뿐이지만 피최면자는 그 말에 맞추어 앞 혹은 뒤쪽으로 쓰러지고, 최면가는 그렇게 쓰러지는 피최면자를 받아주는 것이다.

이를 통해서 두 가지 효과를 얻게 된다. 첫 번째는 피최면자가 최면이라는 현상과 힘에 대하여 체험하고 믿을 수 있게 된다. 자신에게 손도 대지 않은 상태에서 오로지 말을 통해서 자신이 앞 혹은 뒤로 쓰러지도록 하는 힘이 있다는 것을 인지하는 것이다. 두 번째는 최면가의 입장에서 피최면자가 최면에 대해 얼마나 능동적으로 참여하고 있는지를 확인할 수 있다. 만약 전후도법이 제대로 이루어지지 않는다면 피최면자의 마음 어딘가에 최면가 혹은 최면 자체에 대한 불신과 의심이 있는 것이다. 이 경우는 다시금 사전 면담을 통해 최면에 대한 설명을 충분히 해 주는 것이 좋다.

그러면 본격적으로 전후도법의 방법을 설명하도록 하자. 전후도법은 크게 네 단계로 이루어져 있다. 순서대로 설명하자면 위치닥터(Witch Doctor), 전후 반응성 테스트, 사전 연습, 전후도법의 순서가 된다. 하나씩 차근차근 설명해 보도록 하자.

1) 위치 닥터(Witch Doctor)

위치 닥터란 본래 주술적인 수단을 사용하는 의사를 말한다. 동서양을 막론하고 무속과 같이 주술적인 힘을 이용해 병이나 불운을 치료하고자 하는 사람들은 늘 있어왔다. 위치 닥터란 이러한 사람들에게 주술 등을 이용하여 병의 치료나 행운을 비는 사람들이라고 볼 수 있다.

여기에서 유래한 최면적 위치 닥터란 마치 최면에 필요한 것처럼 보이는 행위이지만 사실은 필요하지 않은 행위를 하는 것을 말한다. 예를 들면 자주 쓰는 손이 오른손이라면 제자리에서 오른쪽으로 다섯 바퀴를 돌라고 한다거나 자신의 나이 수 만큼 박수를 치게 하는 등의 행위를 말한다.

실제로 주술에서도 이와 비슷한 행위들을 많이 볼 수 있다. 남자라면 부적을 오른손에 쥐고, 여자라면 부적을 왼손에 쥐는 등의 행위들이 이에 속한다. 하지만 최면적 위치 닥터에서는 이 행위 자체가 어떠한 의미를 지니지 않는다.

:: 바로 사용할 수 있는 위치 닥터 테크닉 ::

나이(만 나이) 수 만큼 박수를 친다.
오른손잡이면 오른쪽, 왼손잡이면 왼쪽으로 세 바퀴 논다.
남성이라면 오른팔을 앞으로 뻗고 왼쪽 눈을 감고, 여성이라면 왼팔을 앞으로 뻗고 오른쪽 눈을 감는다.

그렇다면 어째서 위치 닥터라고 하는 단계가 필요한 것일까? 여기에는 두 가지 이유가 있다. 첫 번째는 소셜 컴플라이언스(Social Compliance)를 받아내는 것이다. 소셜 컴플라이언스란 어떠한 부탁을 했을 때 사람들이 큰 문제없이 들어주는 동조 행위를 말한다. 예를 들면 한 걸음 뒤로 물러나 달라는 부탁을 했을 때 이것을 들어주는 것이 소셜 컴플라이언스를 얻어낸 것이다.

이렇게 얻어낸 소셜 컴플라이언스는 관계에 대한 투자로 이어진다. 부탁 한 가지를 들어준 것은 그 다음에 더 큰 부탁을 들어주기 쉬워진다. 그러므로 처음에 위치 닥터에 해당하는 행위를 들어주는 것으로 그 다음에는 다른 행위를 하기 위한 심리적인 저항이 줄어들게 되고 그 결과 어떠한 행동을 더 쉽게 할 수 있게 된다.

두 번째는 의식(Ritual)적인 행위로서의 의미를 지닌다. 대부분의 사람들은 최면이라고 하는 것에 대한 막연한 이미지만 가지고 있을 뿐, 실제로 어떠한 행위가 일어나는지에 대해서는 알고 있지 않다. 위치 닥터는 이러한 사람들에게 일상적이지 않은 행위를 통해 '이제부터 최면을 시작 하는구나'라는 생각을 하도록 만드는 의식이 된다.

이렇게 최면적인 행위를 시작한다고 여기는 순간부터 피최면자는 자신이 한 번도 체험해 보지 않았던 세계로 들어가게 된다. 이 세계에서는 오로지 최면가의 안내가 전부이며, 무엇이 맞는지 틀린지 조차 모르는 세계가 된다. 그 결과 최면가에 대한 의존도가 높아지고 최면가가 하는 이야기와 그 내용에 대하여 받아들이기 쉽게 된다.

:: 위치닥터, 이렇게 한다 ::

최면가 : 최면에 들어가기 전에, 나이가 어떻게 되나요?
피최면자 : 25이에요.
최면가 : 제자리에 서서 나이 수 만큼 박수를 치세요.
피최면자 : (박수 × 25)

2) 전후 반응성 테스트

　전후도법이 앞 혹은 뒤로 쓰러지는 것이라면, 어느 쪽으로 쓰러지기 쉬울지를 알기 위한 것이 바로 전후 반응성 테스트이다. 이 테스트는 일종의 위치 닥터에 속하지만 위치 닥터가 아무런 의미가 없는 행위라면 전후 반응성 테스트는 전후도법에서 필수적인 테스트라는 점에서 차이가 있다.

　이 테스트는 무게 중심이 어느 쪽으로 쏠려 있는지를 확인하는 테스트이다. 대부분의 경우 무게 중심이 앞 혹은 뒤로 쏠려 있는 경우가 많다. 그러므로 무게 중심이 앞으로 쏠려 있다면, 앞 쪽으로 쓰러지기 쉬운 사람이며 뒤로 쏠려 있다면 뒤쪽으로 쓰러지기 쉬운 사람이라는 것을 알 수 있다. 이 테스트의 결과를 통해 앞으로 쓰러질 것인지, 뒤로 쓰러질 것인지를 결정하게 된다.

　그 방법은 피최면자의 앞에 서서 전중혈(膻中穴)을 가볍게 밀고 있는 상태에서 피최면사가 두 발을 바닥에 붙인 채로 팔을 앞으로 들어 한 바퀴 돌리도록 시키면 된다. 만약 남성 최면가가 여성 피최면자에게 행할 경우에는 목 아래 쇄골이 만나는 곳에서 조금 아래쪽을 가볍게 밀면서 테스트하면 된다.

　이 때, 무게 중심이 앞으로 쏠린 사람이라면 팔을 들어 돌릴 수 있지만, 무게 중심이 뒤로 쏠린 사람이라면 넘어질 듯한 느낌에 팔을 돌리지 못한다. 팔을 들어 회전시킨 피최면자는 앞으로 쉽게 넘어지는 사람이며, 회전시키지 못한 피최면자는 뒤로 쉽게 넘어지는 사람이라는 것을 알 수 있다.

:: 전후 반응성 테스트, 이렇게 한다 ::

최면가 : 그러면 한 가지를 더 해 보겠습니다. 제 앞에 발을 붙이고 서 보세요.

피최면자 : (최면가 앞에 선다)

최면가 : 제가 가슴 중앙을 가볍게 밀 테니까, 그 상태로 팔을 앞으로 뻗어서 한 바퀴 돌려보세요.

피최면자 : (팔을 들어 돌리려 한다.)

최면가 : (팔을 들어 올려 한바퀴 돌리면) 네, 그러면 이제 눈을 감고 앞으로 쓰러지게 할 것입니다.

(팔을 들어올리지 못하면) 네, 그러면 이제 눈을 감고 뒤로 쓰러지게 할 것입니다.

〈 전후 반응성 테스트 준비 〉

〈 피최면자를 한 손으로 가볍게 민다 〉

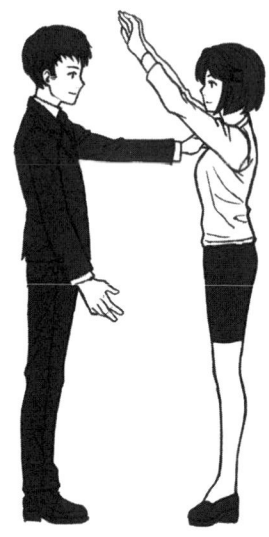

〈 팔을 들어올리는 테스트 〉

3) 사전 연습

  앞 혹은 뒤 둘 중 어느 쪽으로 쉽게 쓰러지는지 확인했다면 실제로 전후도법을 행하기 전에 간단히 리허설을 하도록 한다. 이렇게 리허설을 하는 것으로 피최면자가 어떠한 일이 일어나는지를 미리 확인하는 효과가 있으며 정신의 방향성을 특정한 방향으로 모아두는 효과도 있다.

  우선 최면가는 실제로 전후도법을 하기 전에 리허설을 해 보겠다는 설명을 하고 테스트 결과에 따라 피최면자의 앞 혹은 뒤로 이동한다. 이 상태에서 자신이 받아줄 테니 피최면자에게 앞으로 혹은 뒤로 쓰러지라고 이야기한다.

처음에는 아주 조금 쓰러져도 바로 받아준다. 두 번째는 2~3초 가량 지났을 때 받아준다. 세 번째는 완전히 뒤로 쓰러지면 받아준다. 이렇게 총 세 번 정도 리허설을 한 뒤에 전후도법을 시작한다.

:: 사전연습, 이렇게 한다 ::

최면가 : 이제 내 말에 앞으로/뒤로 쓰러지게 할 것인데, 그 전에 어떻게 하면 되는지 리허설을 먼저 해 보겠습니다. 한 번 쓰러져 보세요.

피최면자 : (앞 혹은 뒤로 쓰러진다)

최면가 : (곧바로 받아준다) 자, 다시 한 번 해 보겠습니다.

피최면자 : (앞 혹은 뒤로 쓰러진다)

최면가 : (2~3초 뒤에 받아준다) 자, 마지막으로 한 번 더 해 볼게요.

피최면자 : (앞 혹은 뒤로 쓰러진다)

최면가 : (30도 이상 넘어가면 받아준다) 네, 잘 했습니다. 이렇게 하면 됩니다.

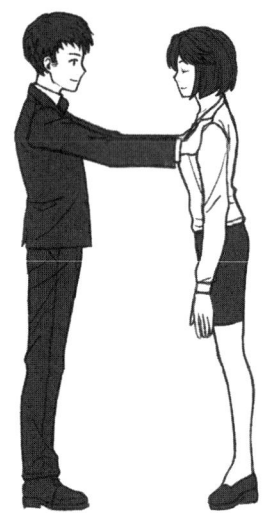

〈 앞으로 쓰러지기 연습 〉

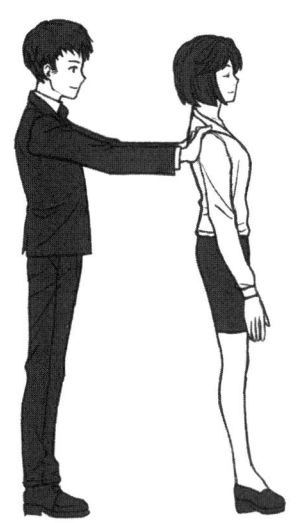

〈 뒤로 쓰러지기 연습 〉

4) 전후도법

이제는 실제로 전후도법을 해 보도록 하자. 피최면자가 눈을 감도록 하고 앞으로 쓰러질 때는 테스트를 할 때와 같은 장소를, 뒤로 쓰러질 때는 등 한복판을 가볍게 손끝을 대는 정도로 둔다.

최면가가 준비 되면, 손을 떼고 "점점 앞으로/뒤로 쓰러집니다.", "앞에서/뒤에서 끌어당기는 힘이 느껴집니다."와 같은 말을 반복해준다. 이렇게 반복해주면서 쓰러지는 것에 대비하여 받아줄 준비를 한다. 이 때 앞의 리허설에서 세 번째에 받아주었을 때 정도로 피최면자가 쓰러지게 되면 받아주도록 한다. 최면가의 지시에 맞춰 쓰러지게 되면 전후도법은 성공한 것이며 다음 단계로 나아갈 수 있게 된다.

이 때, 한 가지 팁이 있다. 손끝을 뗄 때 가볍게 살짝 밀면서 손을 떼게 되면 그 반동으로 인해 최면가를 향해 쓰러지기 쉽게 된다. 만약 전후도법이 잘 되지 않는다면 이런 요령을 사용해 보는 것도 좋을 것이다.

:: 전후도법, 이렇게 한다 ::

최면가 : 이제 눈을 감으세요. (가볍게 손 끝을 댄다.) 내가 셋을 세면 앞으로/뒤로 점점 쓰러지게 될 것입니다. 그러면 내가 받아줄테니 그대로 쓰러지면 됩니다. 하나, 둘, 셋! (손끝을 뗀다) 점점 앞으로/뒤로 쓰러집니다. 앞에서/뒤에서 끌어당기는 힘이 느껴집니다. 점점 끌어당

기는 힘이 강해집니다.

피최면자 : (점점 흔들리더니 한 쪽으로 쓰러지기 시작한다.)

최면가 : (피최면자가 무게중심을 잃고 쓰러지면 어깨를 받아준다.) 네, 잘 했습니다. 이렇게 말로도 몸의 움직임을 조종할 수 있는 것이 최면입니다.

5) 앞으로 쓰러지기를 할 경우 신경써야 하는 점

 전후도법에서 전도(앞으로 쓰러짐)를 할 때에 한 가지 체크해야 하는 것이 있다. 앞으로 쓰러질 때에는 몸만 앞으로 쏠리고 무게중심이 깨지지 않는 경우가 있다. 이 경우는 피최면자의 발이 뒷꿈치가 떨어지지 않은 채 몸만 앞으로 쓰러진다. 이것은 피최면자가 완전히 불안감을 떨치지 못했기 때문에 일어나는 일로, 최면가가 이것을 파악하고 충분히 받아줄 수 있고 안전하다는 것을 설명해줘야 한다.

▎최면 유도법 #3 : 손가락 붙이기

 손가락 붙이기의 목적 : 손가락이 서로 붙어서 힘을 줘서 떼려고 해도 떨어지지 않는다.

 전후도법을 마쳤다면 이제 의자에 앉아서 다음 과정인 손가락 붙이기로 넘어간다. 손가락 붙이기는 눈높이에 곧게 편 두 손가락이 피최면자의 의지와는 무관하게 서로 당겨지면서 붙는 현상을 일으키는 것을 말한다.

전후도법에서 '그럴 수도 있지'라고 생각하는 피최면자가 있다면 이 손가락 붙이기에서 확실하게 자신의 의지와는 무관하게 최면가의 말에 따라 자신의 손가락이 움직이는 것을 확인할 수 있다. 이것은 제대로만 한다면 실패란 있을 수 없는 단계이므로 자신감을 가지고 행하는 것이 좋다.

손가락 붙이기는 피최면자의 양손을 깍지 낀 상태에서 양손의 검지손가락만을 곧게 편 자세에서 시작한다. 이 때 양 손가락은 서로 떨어져 있어야 하며, 손가락의 첫 번째 마디가 눈높이에 위치하도록 한다. 시선은 양 손가락의 사이에 둔다.

이 상태에서 최면가는 "손가락 사이를 보면 볼수록 점점 두 손가락이 당겨집니다.", "힘을 줘서 손가락을 떨어뜨리려 해도 점점 손가락이 가까워집니다.", "마치 자석의 S극과 N극이 서로를 당기듯 손가락이 서로를 잡아당깁니다."와 같은 최면적 제안을 한다. 이것을 피최면자의 두 손가락이 서로 닿을 때 까지 반복한다.

이 때 손가락이 가까워지는 속도는 사람에 따라 차이가 있다. 어떤 사람은 아주 쉽게 가까워지는 사람이 있는가 하면 어떤 사람은 꽤 오랜 시간을 들여서 손가락이 가까워지는 사람이 있다. 하지만 손가락이 서로 당겨지지 않는 사람은 없기 때문에 조급해하지 말고 충분히 시간적 여유를 가지고 진행하면 누구나 성공할 수 있다.

손가락 붙이기를 할 때 체크해야 하는 부분은 깍지를 낄 때 손목 부분이 서로 붙어있는지를 확인하는 것이다. 만약 이 부분이 서로 떨어져 있다면 손가락이 서로 당기는 힘이 약하거나 거의 없어지기 때문에 원활하게 손가락이 붙지 않는다.

이렇게 손목 부분을 붙이기 위해서는 팔꿈치를 붙이게 한 뒤에 깍지를 끼게 만들면 손목을 붙인 상태로 깍지를 낄 수 밖에 없다. 재미있는 것이, 최면가가 손목을 붙이게 한 뒤에 손가락을 붙이게 되면 손목을 붙이는 것과 손가락이 서로 당겨지는 것 사이에 관계가 있다고 생각하는 사람이 간혹 있지만 팔꿈치를 붙인 뒤에 깍지를 끼고 손가락 사이를 바라보게 만들면 손가락이 당겨지는 것과 팔꿈치를 붙인 것 사이에 어떠한 관계가 있음을 생각하지 않는다. 심리적인 맹점을 이용한 트릭이라고 할 수 있겠다.

:: 손가락 붙이기, 이렇게 한다 ::

최면가 : 이제 자리에 앉아서 팔을 앞으로 쭉 펴 보세요. 이렇게 팔을 편 상태에서 팔꿈치를 서로 붙이고, 양손을 깍지 껴 보세요. 꼭 둘이 붙지 않아도 상관없고 최대한 가깝게 붙여보도록 합니다.
피최면자 : (팔을 편 상태로 깍지를 낀다.)
최면가 : 깍지 낀 주먹을 얼굴 앞으로 가져오세요. 이 때 가능하면 양 팔의 팔꿈치를 붙이도록 합니다.
피최면자 : (주먹을 얼굴 앞으로 가져온다.)
최면가 : 주먹 쥔 손에서 검지손가락만 세워서 양 손의

검지 손가락이 하늘을 바라보도록 합니다. 그리고 세운 두 손가락 사이를 바라보세요.

피최면자 : (손가락을 세우고 손가락 사이를 바라본다.)

최면가 : 두 손가락 사이를 바라보면 바라볼수록, 두 손가락은 점점 강하게 당겨집니다. 힘을 줘서 손가락을 떨어뜨리려 해도 점점 손가락을 당기는 힘이 강해집니다. 점점 바라보면 바라볼수록 손가락이 점점 가까워집니다. (두 손가락이 서로 닿을 때 까지)

피최면자 : (두 손가락이 닿는다.)

최면가 : 네, 잘 하셨습니다. 이제 손에 힘을 빼고 편안하게 손을 무릎 위로 올려두세요.

〈 팔을 뻗어서 팔꿈치를 붙인다 〉

〈 깍지 낀 상태로 손을 눈 높이로 들어올린다 〉

〈 검지손가락을 펴고 그 사이를 바라본다 〉

〈 점차 손가락이 붙는다 〉

최면 유도법 #4 : 풍선/버킷 테스트

풍선/버킷 테스트의 목적 : 양 팔이 상상의 결과로 떠오름/가라앉음.

   손가락 붙이기가 성공했다면 다음은 조금 더 어려운 것에 도전한다. 손가락 붙이기가 두 손가락을 서로 붙이는 것이었다면 이 테스트는 양 팔을 서로 멀어지게 하는 것을 그 목적으로 한다. 이것을 최면에서는 풍선/버킷 테스트(Balloon/Bucket Test)라고 하는 것으로, 양손과 상상력을 이용한다.

   피최면자가 양손을 편 상태에서 양팔을 앞으로 곧게 뻗도록 한다. 그 상태에서 한 손은 손바닥이 하늘로, 나머지 한 손은 주먹을 쥔 채로 엄지손가락을 펴고 엄지손가락이 하늘을 향하도록 한다. 팔이 곧게 펴 있고 손바닥이 한 쪽은 하늘, 한 쪽은 주먹의 엄지가 하늘을 향하게 되었으면 눈을 감게 한다.

눈을 감은 상태에서 최면가는 피최면자에게 상상을 하도록 유도한다. 손바닥이 하늘로 향한 손 위에는 비어있는 플라스틱 통이 놓여 있다. 주먹을 쥐고 엄지가 하늘로 향한 손에는 엄지손가락에 실이 묶여 있고 그 실은 위로 올라가 커다란 헬륨 풍선에 묶여 있다. 그리고 플라스틱 통에는 점점 모래가 부어지면서 무거워지고, 헬륨 풍선은 점점 하늘로 둥실둥실 떠올라 간다.

최면가는 위의 상상을 피최면자에게 유도한다. 피최면자가 이 상상을 제대로 하고 있다면, 플라스틱 통이 놓인 쪽의 손은 무게를 느끼며 점점 아래로 내려갈 것이고, 풍선과 연결된 쪽의 손은 점점 위로 올라갈 것이다. 이 움직임에 있어서 빠르고 느린 개인차가 있기는 하지만 계속해서 기다리면서 최면적 제안을 통해 상상을 일으키게 되면 점차 양 팔이 벌어지게 된다.

이렇게 양 팔이 어느 이상 벌어지게 되면 눈을 뜨게 하고 피최면자가 그 차이를 직접 보도록 한다. 이를 통해서 피최면자는 스스로의 의지를 통해서 움직이는 것이 아니라 상상을 통해서도 몸이 움직일 수 있다는 것을 눈으로 확인할 수 있게 된다.

여기에서의 요령은 상상을 하는 과정에서 양 손을 가볍게 최면가의 손가락으로 툭툭 쳐주는 것이다. 플라스틱 통에 모래가 가득 차는 상상에 대한 이야기를 할 때에는 하늘을 향해 올라간 손바닥 가운데를 가볍게 쳐서 비언어적으로 손이 내려가야 한다는 암시를 주고, 풍선이 하늘로 떠올라가는 상상에 대한 이야기를 할 때에는 주먹의 손날 부분을 가볍게 두드려서 올라가야 한다는 암시를 준다. 이렇게 해 주는 것 만으로 매우 많은 사람들이 상당히 빠른 속도로 양팔을 벌리게 된다.

:: 풍선/버킷 테스트, 이렇게 한다 ::

최면가 : 양 팔을 앞으로 쭉 펴 보세요. 이 상태에서 손바닥도 펴고, 한 손은 손바닥이 하늘로 향하게, 다른 한 손은 주먹을 쥐고 엄지손가락을 편 상태에서 엄지손가락이 하늘을 향하게 합니다.
피최면자 : (팔을 펴고 한 손은 손바닥이 하늘로, 다른 손은 주먹을 쥐고 엄지손가락이 하늘을 향한다.)
최면가 : 눈을 감으세요. 이제 상상을 해 보겠습니다. 이 손에는 (손바닥이 하늘로 향한 손을 가볍게 건드린다.) 커다란 플라스틱 통이 올려져 있습니다. 그리고 이 손에는 (손가락이 하늘을 향한 손을 가볍게 건드린다.) 엄지손가락에 실이 묶여 있고 그 실은 허공에 떠 있는 커다란 헬륨 풍선에 연결되어 있습니다. 통과 풍선을 상상할 수 있나요?
피최면자 : 네
최면가 : 그러면 이제 내가 셋을 세면, 이 손 위에 (플라스틱 통을 상상한 손을 가볍게 건드린다) 올라와 있는

플라스틱 통에 모래가 부어집니다. 그와 동시에 이 손과 (풍선을 상상한 손을 가볍게 건드린다) 연결된 풍선은 점점 위로 올라가서 손을 끌어당깁니다. 하나, 둘, 셋! 플라스틱 통에는 모래가 점점 채워지면서 점점 무거워집니다. 풍선과 연결된 손은 풍선이 하늘로 올라갑니다. 통이 점점 무거워지면서 손이 점점 아래로 내려갑니다. 풍선이 올라가면서 손을 잡고 올라갑니다. (양 손이 약 50cm 이상 벌어질 때 까지 반복)

피최면자 : (양 손이 벌어진다.)

최면가 : 네, 잘했습니다. 이제 눈을 뜨고 양 손을 보세요. 상상만으로도 이렇게 팔이 움직였습니다.

〈 풍선/버킷 테스트 기본 자세 〉

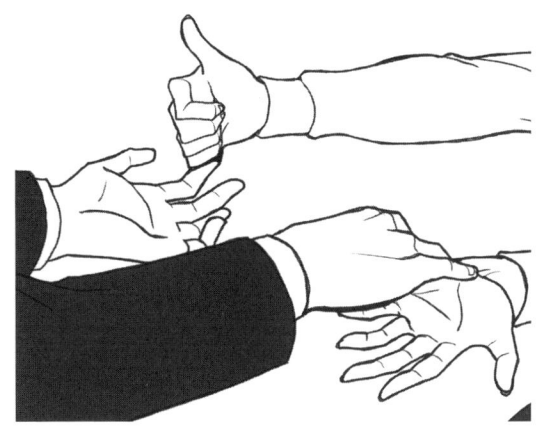

〈 가볍게 툭툭 건드려줄 때 〉

〈 양 팔이 벌어진다 〉

▌ 최면 유도법 #5 : 눈꺼풀 붙이기

눈꺼풀 붙이기의 목적 : 눈꺼풀이 떨리면서 눈을 뜨려고 해도 뜰 수 없다.

최면 유도법에서 마지막으로 해야 하는 것은 눈꺼풀 붙이기이다. 눈꺼풀을 붙인다는 것은 눈을 감고 난 뒤에 눈을 뜨려고 해도 마치 눈꺼풀이 붙은 것 같이 눈을 뜨지 못한다는 것을 말한다. 이는 피최면자의 간단한 운동 작용들이 최면가의 최면 제안에 따라 움직인다는 것을 나타내는 것이다.

이 눈꺼풀 붙이기를 위한 기법들은 여러 가지가 있다. 많은 사람들이 알고 있는 회중시계를 흔든다거나 불꽃을 보게 만드는 것도 이 눈꺼풀 붙이기를 위한 기법이다. 여기에서는 여러 가지 기법들 중 시선 고정법을 이용한 눈꺼풀 붙이기를 설명하겠다.

시선 고정법이란 현재 시선에서 45도 정도 위쪽의 어느 지점을 바라보는 방법을 말한다. 이 때, 목을 움직여서 바라보는 것이 아니라 목은 고정한 상태에서 눈만 움직여서 특정한 지점을 바라보도록 한다. 만약 특정한 지점을 정할 수 없다면 손가락 끝이나 펜 끝을 보게 하는 것으로 시선을 고정시킬 지점을 만들 수 있다. 이렇게 특정한 지점을 올려다보는 상태를 30초 이상 유지하게 되면 눈은 자연스럽게 피로해지게 되는데 이 상태에서 눈을 감게 되면 긴장된 눈꺼풀이 갑자기 이완되면서 눈을 뜨려 해도 눈을 뜰 수 없게 된다.

여기에도 약간의 요령이 있다. 특정한 지점을 보는 것 까지는 동일하지만 눈을 감는 부분에서 차이가 있다. 대부분의 경우 눈을 감으라고 하면 초점을 되돌리면서 눈을 감는 경우가 많다. 이 경우 눈꺼풀에 충분한 긴장이 모이지 않았을 경우 눈을 뜰 수 있게 되기도 한다. 이러한 상황을 막기 위해서 눈을 감을 때 계속 초점은 해당 지점을 바라본 상태에서 눈을 감도록 한다. 이렇게 하면 약 90%까지는 눈을 감을 수 있게 되고, 나머지 10%가 감기지 않은 상태로 눈꺼풀이 파르르 떨리는 상태가 된다. 이 상태를 1초 가량 유지한 뒤에 완전히 눈을 감기게 되면 눈꺼풀이 완전히 힘이 빠져서 눈을 뜰 수 없는 상태가 된다.

바꿔 말하자면 최면 유도법에서 최면이 완전히 유도되었음을 나타내는 표시는 눈꺼풀 붙이기의 단계에서 눈을 감을 때 눈꺼풀이 파르르 떨리는 것이라고 보아도 좋다. 만약 눈을 감을 때 눈꺼풀이 떨리지 않았다면 눈꺼풀에 쌓인 긴장이 부족한 것이므로 다시 눈을 뜨게 하여 조금 더 오래 시선을 고정시킨 뒤에 감기는 식으로 제대로 유도되었는지를 파악한다.

이렇게 눈을 감게 된 뒤에 눈을 뜰 수 있는지, 없는지를 확인해야 한다. 이것은 피최면자가 자신의 힘으로 눈을 뜨려고 하지만 눈을 뜨지 못한다는 것을 체험하는 것으로 스스로가 최면 상태가 되었다는 인식을 만드는 것이다.

이 눈을 뜰 수 있는가, 없는가의 확인은 눈을 감게 된 뒤에 바로 확인한다. 이 때, "당신은 눈을 뜰 수 없습니다. 눈을 떠 보세요."라고 말을 한 뒤에 1초 가량의 짧은 시간만 기다린 뒤에 "네, 됐습니다."와 같은 식으로 마무리한다. 이 때 눈을 뜨지 못하는 것은 머릿속에서 잠시 눈을 뜨도록 하는 스위치를 찾지 못하기 때문이라고 볼 수 있기 때문에 눈을 뜨는 스위치를 찾아낸다면 눈을 뜰 수 있다. 그러므로 그 스위치를 찾지 못하는 사이에 마무리하고 눈을 뜨지 못한다는 신기한 최면적 체험을 일으켜 주는 것이다.

:: 눈꺼풀 붙이기, 이렇게 한다 ::

최면가 : 저 위쪽의 검은 점을 바라보세요. 목을 움직여서 보는 것이 아니라 가능하면 눈만 움직여서 보도록 합니다. 계속해서 점을 바라보도록 하세요. 눈을 똑바로 뜨고 계속해서 점을 바라봅니다. (최소 30초 이상 바라보도록 한다.)
이제 그 점을 바라본 상태로 서서히 눈을 감도록 합니다. 눈을 완전히 감지 못해도 괜찮으니 계속해서 그 점을 바라보면서 눈을 감으세요. (90%가량 눈이 감기고 눈꺼풀이 파르르 떨리는 것을 확인한 뒤에) 네, 완전히 눈을 감습니다.
피최면자 : (눈을 완전히 감는다)
최면가 : 이제 눈에서 완전히 힘이 빠져서 눈을 뜨려고 해도 눈을 뜰 수가 없게 됩니다. 눈을 뜨려고 해 보세요. (1초 뒤) 네, 잘했습니다. 눈이 떠지지 않지요.
피최면자 : (눈을 움찔거리거나 눈꺼풀이 파르르 떨린다.)

〈그림 14. 시선을 위로 올린다〉

〈그림 15. 눈을 감고 눈꺼풀이 떨리는 것을 확인한다〉

〈그림 16. 눈을 뜨지 못하는 것을 확인〉

여기까지가 최면 유도법에 속한다. 유도법을 마쳤다면 최면이라고 하는 의식 세계에 한 발을 담근 상태가 된다. 평상시에도 이 정도의 의식에는 자주 드나들게 되지만 이 상태를 유지하고 안정적으로 만드는 것은 쉬운 일이 아니다. 그러므로 이 다음에는 이 상태를 유지하고 안정화하는 것을 통해서 더욱 확고한 최면 의식을 확립하는 방법을 설명하도록 하자.

|

03

::

─── 최면을 깊게 해 보자 : 디프닝Deepening

03 |

::

심화 단계의 목적 : 아무것도 안 하게 되는 것.

최면에 들어가는 것이란 운동을 하는 것과 같다고 생각하면 된다. 처음에는 몸이 제대로 준비가 되지 않고 집중도 부족한 상태이기 때문에 조금은 어색하면서 생각대로 몸이 움직이지 않는다. 하지만 워밍업이 끝나고 본격적인 운동에 들어가면 운동 이외의 다른 것들은 의식에서 멀어지고 운동 동작과 행위에 집중하게 되면서 제대로 운동을 할 수 있게 된다.

최면 유도란 워밍업을 하는 것과 같다. 본격적으로 최면을 하기 전에 충분히 정신을 훈련시켜서 최면이라는 행위에 몰입하기 좋은 상태를 만들어준다. 이렇게 준비가 끝났으면 본격적으로 최면에 깊이 몰입할 수 있게 되었다. 최면에 점차 깊이 몰입하도록 하는 것을 최면 심화, 디프닝(Deepening)이라고 한다.

최면 디프닝의 목적은 뇌에서 이미지와 상상을 처리할 수 있는 리소스를 확보하는 것이다. 만약 이 리소스가 제대로 확보되지 않는다면 인덕션이 제대로 이루어진다 해도 피최면자가 머릿속에서 이미지를 만들어내거나 만들어낸 이미지가 선명하지 못하다. 또한 이미지를 사용하지 않는 최면 작업을 한다고 해도 외부에서 들어오는 최면적인 제안을 받아들일 수 있는 공간이 부족해지기 때문에 최면 작업이 제대로 이루어지지 않는다.

최면 유도를 마친 뒤에 최면 심화를 하는 것으로 최면은 더욱 확고하고 안정적으로 된다. 최면 심화를 마치게 되면 안정적으로 최면 상태가 확립되며 이렇게 안정된 최면 상태를 최면 몽유, 섬냄뷸리즘(Somnambulism)이라고 한다. 섬냄뷸리즘에 대해서는 뒤에서 자세히 설명하겠지만 섬냄뷸리즘이 확보되면 움직임, 감각, 감정, 환각을 최면적으로 만들어내거나 사라지게 하거나 할 수 있다. 이 상태가 되면 최면적인 변성 작업이 가능해지며 최면의 놀라운 힘은 여기에서 나오는 것이다. 이 단계로 진입하기 위해 최면 유도와 최면 심화를 거쳐야 한다.

▍최면 심화 기본기 : 컴파운드, 링크, 침묵

심화 기본기의 목적 : 아무것도 안하고 있기를 학습함.

최면 심화에서 기본적으로 익혀둬야 하는 것은 컴파운드(Compound), 링크(Link), 침묵(Silence)의 세 가지 기법이다. 이 세 기법은 순서대로 하는 것이 아니라 모든 최면 심화의 과정에서 기회가 있을 때마다 사용하는 것이다. 그러므로 이 심화 기본기 3종 세트는 언제나 사용할 수 있도록 몸에 익혀둘 필요가 있다.

1) 컴파운드(Compound)

컴파운드는 최면 심화의 가장 기본적인 기법이다. 매 순간 시간이 남는다거나 할 말이 떠오르지 않는다거나 다음 단계가 생각나지 않는다거나 할 때에는 이 컴파운드 문구를 말해주면 된다. 그렇지 않다 하더라도 중간 중간 컴파운드 문구를 해 준다면 최면 작업 전체에 매우 긍정적인 영향을 주게 된다.

최면 컴파운드의 문구는 단 한 가지이다. "다 놓아버리세요."가 그것이다. 꼭 동일한 표현이 아니라 해도 상관은 없고 동일한 맥락과 의미를 가지고 있는 말이면 상관 없다. 그러므로, "편안하게 놓아둡니다.", "손에서 놓아주세요.", "아무것도 하지 않아도 됩니다." 등과 같은 표현들을 대신 사용할 수도 있다.

이런 표현을 사용하는 이유는 디프너의 목적이 리소스 확보에 있기 때문이다. 리소스란 무언가를 할 때 생기는 것이 아니라 무언가를 하지 않고 현재 활동하고 있는 기능들을 정지시켰을 때 생겨난다. 그러므로 많은 경우에 사용하는 "깊이, 편안하게"와 같은 문구는 오히려 편안하게 한다는 활동을 하려 하기 때문에 리소스를 줄이는 효과를 역효과를 가져온다. 그러므로 아무것도 하지 않도록 "다 놓아두세요."라는 문구를 사용하여 최대한 많은 기능늘을 활농 정지 상태로 만들어두는 것이 목적이다.

그러면 이렇게 "다 놓아주세요."라고 하는 말이 어느 정도 효과가 있을까? 이에 대한 답을 위해서는 최면에 있어서 컴파운딩 제안의 법칙(The Law of Compounding Suggestion)에 대해 알아봐야 할 필요가 있다.

컴파운딩 제안의 법칙이란 1800년대 베른하임 박사(Dr. Bernheim)가 발견했다고 이야기하지만 실제 자주 사용하면서 효과를 내는 기법으로 정립한 것은 데이브 엘먼(Dave Elman)이라고 본다.

컴파운딩 법칙은 아주 간단하다. 첫 번째로 피최면자에게 제시되는 최면 제안의 힘은 매우 약하다. 매우 약하기 때문에 거의 아무런 효과를 내지 못한다. 그리고 두 번째로 최면 제안이 주어지게 되면 이 두 번째 최면 제안은 첫 번째 최면 제안과 마찬가지로 매우 약하다. 하지만 두 번째 제안은 첫 번째 제안의 힘을 강하게 한다. 세 번째 최면 제안은 다른 제안들과 마찬가지로 힘이 약하지만 첫 번째와 두 번째 최면 제안의 힘을 강하게 한다.

이런 식으로 매번 최면 제안들이 반복되면서 이전의 최면 제안들을 강하게 하는 것이 「컴파운딩 제안의 법칙」이다. 그러므로 가장 처음에 주어지는 최면 제안은 시간이 지나면서 다음에 오게 되는 최면 제안들로부터 힘을 받아 마지막이 되면 가장 강력한 최면 제안이 된다. 그러므로 컴파운드에 사용하는 문구인 "다 놓아주세요."는 반복하면 반복할수록 강력한 힘을 가지고 작동하게 된다.

2) 링킹(Linking)

링킹 기법은 두가지 요소를 연결하는 기법이다. 에릭슨 최면의 언어패턴 중 연계(Linkage)와 유사하지만 연계 기법은 현재 발생한 것과 최면적으로 제안하고 싶은 것을 연결하는 것이라면, 링킹 기법은 컴파운드의 발전형으로 보아야 한다.

링킹 기법은 "○○하면서 다 놓아버리세요."가 기본 문형이다. 여기에서 ○○에 들어가는 것은 현재 체험하거나 행동하고 있는 것이다. 그러므로 "숨을 들이쉬고 내쉬면서 다 놓아버리세요."라거나 "눈을 감고 있으면서 다 놓아버리세요."라거나 "내 목소리를 들으면서 다 놓아버리세요."와 같은 식으로 사용 가능하다.

3) 침묵(Silence)

마지막 최면 심화 기본기는 침묵이다. 침묵이란 말 그대로 아무런 말을 하지 않고 조용히 있는 것이다. 이것을 기법으로 분류해야 하는가? 라는 생각을 하는 독자도 있겠지만 침묵이 가지고 있는 효과는 생각보다 강력하다.

　침묵이란 배우지 않으면 사용하지 못한다. 많은 수의 최면가들이 불안감을 이기지 못하고 속사포처럼 말을 쏟아내곤 한다. 하지만 이런 경우 피최면자들의 이야기를 들어보면 더 천천히, 편안히 있었으면 좋겠는데 너무 말이 많아서 불편했다고 말하는 경우도 있다. 그러므로 침묵이라는 것을 기법으로 생각하고 배우지 않는다면 불안을 이기지 못하고 침묵을 사용하지 못한다.

　최면에서 침묵의 힘은 매우 강력하다. 침묵을 유지하는 것만으로도 관계성에서의 힘을 가질 수 있다. 침묵은 사람을 불안하게 만든다. 하지만 침묵 상태에서도 불안하지 않을 수 있다면 그 관계에서 힘을 가질 수 있게 된다. 침묵을 기법으로 이해하고 있다면 침묵 상황에서도 불편함이나 불안함 없이 기다릴 수 있고, 모든 최면 과정에서 이루어지는 속도를 원하는대로 조절할 수 있을 것이다.

▌ 최면 심화법 #1 : 점진적 이완법

　점진적 이완법의 목적 : 온몸에 불편한 곳 없이 모든 곳을 편안하게 놓아둠.

　심화법 기본기가 최면 전반에 있어서 여유가 있을 때 마다 사용하는 것이라면 심화법은 최면 유도를 마친 뒤에 이어서 사용하는 것이다. 즉 최면 유도의 눈꺼풀 붙이기가 끝나면 이제부터 설명할 「점진적 이완법(Progressive Relaxation)」으로 나아가는 것이다.

　점진적 이완법이란 신체의 각 부분을 이완시키면서 최종적으로는 몸 전체를 이완시키도록 하는 이완법을 말한다. 이 기법은 주로 고전 최면에서 많이 사용하였으며 현대 최면에서는 사용하지 않는 기법이다. 하지만, 정신적인 리소스를 확보하는 방향으로 최면이 나아가면서 재조명받게 되었다.

점진적 이완법은 일반적으로 한 쪽 끝에서 다른 쪽 끝으로 나아가면서 이완하는 방법을 주로 사용한다. 만약 머리 끝에서 시작했다면 발 끝에서 끝나고 발 끝에서 시작했다면 머리 끝에서 끝난다. 정해진 순서나 방법 등은 없으므로 몸 전체를 여럿으로 나누어 하나하나 이완시키면서 모든 부분을 이완시킨다는 생각을 하면 될 것이다. 구체적인 방법은 두 가지 방법으로 나누어 볼 수 있는데, 뒤에서 자세히 알아보도록 하겠다.

점진적 이완법의 기본 문구는 "○○의 힘을 빼고 다 놓아주세요."이다. 예를 들어서 턱을 이완시킨다고 하면 "턱의 힘을 빼고 다 놓아주세요."라고 하면 된다. 이렇게 해서 몸 전체의 부위에 이완하고 놓아주게 된다면 점진적 이완법이 완료된다. 만약 이완되지 않는 부분이 있다면 뒤에 설명할 국소부위 이완법을 통해 이완에 도움을 준다.

점진적 이완법을 비롯한 여러 가지 이완을 이용한 최면 심화법을 사용하게 되면 많이 겪게 되는 문제가 신체의 이완으로 인해 자세가 무너져서 불편한 자세가 되는 것이다. 초보 최면가들은 이 때 피최면자를 건드리면 이완 상태가 깨진다고 생각하고 불편한 상태로 그대로 두는 경우가 있다. 하지만 오히려 불편한 자세로 인해 긴장이 생기기 때문에 편안한 자세로 있도록 자세를 바로 세워주는 것이 좋다. 이 때 자세를 고치면서 최면에서 벗어나는 경우가 있으므로 최면가는

"자세를 고쳐도 편안하게 있을 수 있습니다."라고 최면적 제안을 넣어주는 것으로 최면 상태를 유지할 수 있다.

1) 삼선 이완법

　삼선 이완법은 점진적 이완법을 전면, 후면, 측면으로 나누어 진행하는 방법을 말한다. 머리 위에서부터 시작한다면 우선 머리 끝에서 시작하여 얼굴을 지나 발끝까지 몸의 전면부를 위에서 아래로 이완한다. 발끝까지 이완이 끝나면 다시 머리 끝에서 시작하여 뒤통수를 지나 발꿈치 혹은 발바닥까지 이완한다. 후면의 이완이 끝나면 머리 끝에서 머리 양 쪽으로 내려오며 이완하여 발 끝에서 이완을 마친다. 이렇게 총 세가지 경로를 따라 이완을 진행하기 때문에 삼선 이완법이라고 한다. 대략적으로 그 순서를 정리해 본다면 다음과 같다.

　　○ 전면 : 정수리 → 이마 → 눈과 눈 주변 → 코 → 뺨 → 입술 → 목과 성대 → 어깨 → 쇄골 → 팔 → 손목 → 손끝 → 윗가슴 → 아랫가슴 → 횡격막 → 윗배 → 아랫배 → 골반 → 사타구니 → 허벅지 → 무릎 → 종아리 → 발목 → 발등 → 발가락 → 발끝

　　○ 후면 : 정수리 → 뒷통수 → 뒷목 → 뒤쪽 어깨 → 윗등 → 아랫등 → 허리 → 꼬리뼈 → 엉덩이 → 허벅지 뒤쪽

→ 오금(무릎 뒤쪽) → 종아리 뒤쪽 → 발꿈치 → 발바닥

○ 측면 : 정수리 → 귀 주변 → 턱 → 목 옆쪽 → 어깨 → 겨드랑이 → 갈비뼈 → 옆구리 → 골반뼈 → 허벅지 옆쪽 → 무릎 옆쪽 → 종아리 옆쪽 → 발목 → 복사뼈 → 발날

2) 부위별 이완법

부위별 이완법이란 위에서 아래로 내려가면서 한 부위씩 이완하는 법이다. 예를 들어 머리라고 한다면 정수리, 이마, 뒤통수, 눈 주변, 코, 뺨, 귀 주변, 턱, 입술과 같이 전후좌우를 가리지 않고 특정 부위 전체를 옮겨가며 이완한다. 그러므로 머리 전체를 이완시키고 상체, 팔, 복부, 등, 허리, 골반 이러한 식으로 각 부위를 이동하면서 이완하면 된다. 각 부위와 그 부위에 속한 이완의 대상이 되는 장소들을 정리하면 다음과 같다.

○ 머리 : 정수리, 이마, 뒤통수, 귀, 눈과 눈 주변, 코, 뺨, 입, 턱
○ 목 : 목, 성대
○ 가슴 : 어깨, 쇄골, 윗가슴, 아랫가슴, 갈비뼈, 횡격막, 겨드랑이
○ 등 : 윗등, 아랫등, 날개뼈
○ 팔 : 상완, 하완, 팔꿈치, 손목, 손바닥, 손등, 손가락
○ 복부 : 윗배, 아랫배, 옆구리

○ 허리 : 허리, 허리뼈
○ 골반 : 골반, 사타구니, 꼬리뼈, 엉덩이
○ 다리 : 허벅지, 무릎, 종아리
○ 발 : 발목, 복사뼈, 발뒤꿈치, 발바닥, 발등, 발가락

3) 국소부위 이완법

　국소부위 이완법이란 점진적 이완법을 통해 이완을 하였으나 피최면자의 긴장 등으로 인해 제대로 이완이 되지 않은 곳을 다시 한 번 이완시키는 방법이다. 우선은 점진적 이완법을 전체적으로 한번 진행한 뒤에 피최면자가 어딘가 이완이 되지 않았다고 느끼거나 아직 긴장이 느껴지는 곳이 있는지를 묻는다. 혹은 최면가가 보기에 아직 긴장되어 있다고 느끼는 곳을 찾아보아도 된다.

　이렇게 아직 긴장이 남아있는 곳에 국소부위 이완법을 한다. 우선 아직 긴장이 남은 곳에 최면가가 가볍게 손을 올려놓는다. 그리고 피최면자와 함께 호흡을 맞춘다. 서로 호흡이 맞았다면 최면가가 숨을 내쉬면서 "힘을 빼세요."라고 지시한다. 이 때 최면가도 같이 온 몸의 힘을 빼도록 한다. 이렇게 하면 많은 수가 스스로의 힘으로는 빼지 못했던 긴장을 풀어낼 수 있게 된다.

　이것이 점진적 이완법이다. 이 전체 과정에 있어서 심화 기본기인 컴파운드, 링킹, 침묵을 적절히 조합하여 사용한다면 더욱 강력하고 깊은 최면 상태를 유도해 낼 수 있다.

:: 점진적 이완법, 이렇게 한다(삼선 이완법의 경우) ::

[전면]

최면가 : 이제부터 몸과 마음을 편안하게 놓아두도록 하겠습니다. 몸이 편안해지면 마음은 그에 따라서 자연스럽게 편안하게 됩니다. 그러므로 이제부터 몸의 각 부분들을 편안하게 놓아두도록 하겠습니다. 지금부터 내가 이야기하는 부분에 의식을 두고 그곳의 힘을 편안하게 빼도록 합니다.

최면가 : 머리 꼭대기의 힘을 빼고 다 놓아주세요. 힘이 빠진다는 느낌만 가져도 좋습니다. 이제는 이마의 힘을 빼고 다 놓아주세요. 눈과 눈 주변의 힘을 빼고 다 놓아주세요. 코의 힘을 빼고 다 놓아주세요. 뺨의 힘을 빼고 다 놓아주세요. 입술의 힘을 빼고 다 놓아주세요. 이렇게 얼굴 전체에 힘이 빠지고 매우 편안하게 놓아숩니다.

최면가 : 목의 힘을 빼고 다 놓아주세요. 목 안쪽 성대의 힘을 빼고 다 놓아주세요. 어깨의 힘을 빼고 다 놓아주세요. 쇄골의 힘을 빼고 다 놓아주세요.

최면가 : 오른팔에서 어깨와 팔꿈치 사이의 힘을 빼고 다 놓아주세요. 오른팔의 팔꿈치에서 손목 사이의 힘을 빼고 다 놓아주세요. 오른손 손목의 힘을 빼고 다 놓아주세요. 오른손 손등의 힘을 빼고 다 놓아주세요. 오른손 손바닥의 힘을 빼고 다 놓아주세요. 오른손 손가락의 힘을 빼고 다 놓아주세요.

최면가 : 이제는 왼팔입니다. 왼팔에서 어깨와 팔꿈치 사이의 힘을 빼고 다 놓아주세요. 왼팔의 팔꿈치에서 손목 사이의 힘을 빼고 다 놓아주세요. 왼손 손목의 힘을 빼고 다 놓아주세요. 왼손 손등의 힘을 빼고 다 놓아주세요. 왼손 손바닥의 힘을 빼고 다 놓아주세요. 왼손 손가락의 힘을 빼고 다 놓아주세요.

최면가 : 윗가슴의 힘을 빼고 다 놓아주세요. 아랫가슴의 힘을 빼고 다 놓아주세요. 횡격막의 힘을 빼고 다 놓아주세요. 윗배의 힘을 빼고 다 놓아주세요. 아랫배의 힘을 빼고 다 놓아주세요.

최면가 : 골반의 힘을 빼고 다 놓아주세요. 다리 사이의 힘을 빼고 다 놓아주세요. 양쪽 허벅지의 힘을 빼고 다 놓아주세요. 양쪽 무릎의 힘을 빼고 다 놓아주세요. 양쪽 종아리의 힘을 빼고 다 놓아주세요. 양쪽 발목의 힘을 빼고 다 놓아주세요. 양쪽 발등의 힘을 빼고 다 놓아주세요. 양쪽 발가락의 힘을 빼고 다 놓아주세요.

[후면]

최면가 : 이제 다시 머리 꼭대기로 돌아와서 몸 뒤쪽을 편안하게 놓아주겠습니다. 머리 꼭대기의 힘을 빼고 다 놓아주세요. 뒤통수의 힘을 빼고 다 놓아주세요. 뒷목의 힘을 빼고 다 놓아주세요.

최면가 : 어깨 뒤쪽의 힘을 빼고 다 놓아주세요. 윗등의

힘을 빼고 다 놓아주세요. 아랫등의 힘을 빼고 다 놓아주세요. 허리의 힘을 빼고 다 놓아주세요.

최면가 : 꼬리뼈 부근의 힘을 빼고 다 놓아주세요. 엉덩이의 힘을 빼고 다 놓아주세요. 허벅지 뒤쪽의 힘을 빼고 다 놓아주세요. 무릎 뒤쪽의 힘을 빼고 다 놓아주세요. 종아리 뒤쪽의 힘을 빼고 다 놓아주세요. 발목의 힘을 빼고 다 놓아주세요. 발꿈치의 힘을 빼고 다 놓아주세요. 발바닥의 힘을 빼고 다 놓아주세요.

[측면]

최면가 : 다시 머리 꼭대기로 돌아와서 몸 양쪽을 편안하게 놓아주겠습니다. 머리 꼭대기의 힘을 빼고 다 놓아주세요. 양 귀와 귀 주변의 힘을 빼고 다 놓아주세요. 턱의 힘을 빼고 다 놓아주세요.

최면가 : 목 옆쪽 근육의 힘을 빼고 다 놓아주세요. 어깨의 힘을 빼고 다 놓아주세요. 겨드랑이의 힘을 빼고 다 놓아주세요. 갈비뼈의 힘을 빼고 다 놓아주세요. 옆구리의 힘을 빼고 다 놓아주세요.

최면가 : 골반의 힘을 빼고 다 놓아주세요. 허벅지 옆쪽 근육의 힘을 빼고 다 놓아주세요. 무릎 옆쪽의 힘을 빼고 다 놓아주세요. 종아리 옆쪽 근육의 힘을 빼고 다 놓아주세요. 발목의 힘을 빼고 다 놓아주세요. 복사뼈의 힘을 빼고 다 놓아주세요. 발날의 힘을 빼고 다 놓아주세요.

▌최면 심화법 #2 : 오실레이션Oscillation

오실레이션의 목적 : 최면가의 지시에 따라 눈을 뜨고 감으며 다 놓아둠.

오실레이션이란 기존의 최면 분야에서 프랙셔네이션(Fractionation)이라고 칭했던 기법을 달리 표현한 것이다. 프랙서네이션이라고 하는 단어와 기법을 연결시키지 못하는 사람들이 많았기 때문에 최근에는 오실레이션이라고 표현하는 곳이 생겨나고 있다.

오실레이션은 진동을 의미한다. 위아래로 움직이는 파형을 오실레이션이라고 하기도 한다. 마치 심장 박동을 보여주는 모니터에 심박이 위아래로 움직이듯 오가는 이미지를 상상하면 될 것이다.

최면적 오실레이션이란 이러한 진동 혹은 파형과 같이 의식을 오가도록 만드는 것이다. 여기에서 설명할 방법은 눈을 뜨고 감기는 것을 반복하는 것이다. 이를 통해서 의식이 잠시 부상하여 외부로 향한 뒤에 다시 눈을 감으며 내부로 향하는 것을 반복한다. 이를 여러 번 반복하면 점차 의식이 쉽게 내부로 향하게 되며 차차 외부로 향하던 의식의 방향성이 내면으로 향하게 된다. 최종적으로는 눈을 떠도 의식이 외부로 향하지 않고 내면에 머무르게 된다면 매우 안정적으로 최면이 유도되었음을 알 수 있다.

1) 최면 언어 패턴 : 셋업 + 파이어 + 포스

오실레이션을 위해서는 기본적인 최면 언어 패턴을 우선 익혀둬야 한다. 이 패턴은 단순히 오실레이션 뿐만이 아니라 많은 최면적 상황과 기법에 적용할 수 있다. 그러므로 오실레이션의 패턴을 기본으로 하여 다양한 상황에서 사용할 수 있는 패턴들을 만들어 두면 좋을 것이다.

오실레이션 최면 언어 패턴의 기본형은 「셋업(Set up) + 파이어(Fire) + 포스(Force)」이다. 피최면자에게 무언가를 체험하게 시키거나 어떠한 행동이 일어나도록 할 때 이 3단 구조를 적용시키면 된다.

셋업이란 조건을 미리 설정하는 것이다. 보통은 "~하면"이라는 형태로 많이 사용한다. 가장 많이 쓰는 셋업이 바로 "지금부터 셋을 세면"이다. "지금부터 셋을 세면, 눈을 감고 마음 속 깊이 들어갑니다."라거나 "지금부터 셋을 세면, 손과 발이 따뜻해집니다."와 같다. 이렇게 특정 조건이 이루어지면 어떠한 현상이 일어나거나 무엇을 한다고 지시를 한다.

오실레이션에서의 셋업 문구는 "지금은 아니고 잠시 후에. 내가 셋을 세면 눈을 뜨고, 슬립이라고 하면 눈을 감고 지금보다 더 깊이 다 놓아주고 갑니다."가 된다. 이 문구를 여러 번, 천천히 이야기 해 주면서 충분히 피최면자가 이해할 수 있도록 한다.

파이어란 발화(發火)를 말한다. 이것은 셋업에서 설정해 놓은 조건을 실제로 행하는 것이다. 만약 셋업이 "지금부터 셋을 세면"이라면, "하나, 둘, 셋."이라고 말하는 것이 파이어가 된다. 오실레이션에서의 파이어도 동일하게 "하나, 둘, 셋."으로 발화시킨다.

포스는 계속해서 밀어붙이는 것이다. 셋업에서 설정한 체험이나 행동을 빠르게 반복하여 말하는 것으로 마치 무언가에 쫓기듯 그 행동이나 체험에 몰입하도록 하는 것이다. 만약 "셋을 세면 팔이 점점 올라갑니다."라는 셋업이라면 "하나, 둘, 셋"으로 발화시킨 뒤에 "팔이 점점 올라갑니다. 팔이 점점 올라갑니다. 팔이 올라갑니다. 팔이 올라갑니다."와 같은 내용의 이야기를 빠르게 반복해서 밀어붙이는 것이다.

오실레이션 셋업 문구인 "지금은 아니고 잠시 후에. 내가 셋을 세면 눈을 뜨고, 슬립이라고 하면 눈을 감고 지금보다 더 깊이 다 놓아주고 갑니다."를 예로 들어보자. 여기에서 파이어에 해당하는 것은 "하나, 둘, 셋."이 될 것이다. 그리고는 "눈 뜨세요. 눈 뜨세요. 눈 뜨세요."라고 재촉하듯 이야기를 한다. 그리고 눈을 뜬 뒤에는 다시 "슬립"이라고 발화 한 뒤에 "다 놓아주고 갑니다. 더 깊이 다 놓아줍니다. 다 놓아줍니다."로 재촉하며 포스를 한다.

:: 오실레이션, 이렇게 한다 #1 ::

최면가 : 지금은 아니고 잠시 후에. 내가 셋을 세면 눈을 뜨고, 슬립이라고 하면 눈을 감고 지금보다 더 깊이 다 놓아주고 갑니다. 이해했으면 고개를 끄덕이세요.
피최면자 : (고개를 끄덕임)
최면가 : 하나, 둘, 셋! 눈 뜨세요. 눈 뜨세요. 눈 뜨세요.
피최면자 : (눈을 뜬다)
최면가 : 슬립! 눈 감고 다 놓아줍니다. 더 깊이 다 놓아줍니다. 다 놓아주고 깊이 갑니다.

〈 눈을 떴다 감길 때 최면가의 제스쳐 〉

이 오실레이션을 여러 번 반복한다. 기본적으로는 10회 이상 반복하며, 많이 반복하면 반복할수록 좋다. 그러므로 본인이 느끼기에 이 정도면 적당하다고 느꼈던 시점에서 10회를 더 반복한다고 생각하자.

이 오실레이션을 더 효과적으로 하기 위한 팁이 몇 가지 있다. 첫 번째는 눈을 감길 때 가볍게 눈꺼풀을 건드려주는 것이다. 엄지와 검지를 이용하여 위에서 아래로 쓸어내리듯 가볍게 눈꺼풀을 건드려 쓸어주면 쉽게 눈을 감게 된다. 단지, 이 때 너무 강하게 쓸어내리거나 세게 누르게 되면 피최면자가 아파할 수 있으므로 거의 건드리지 않는다는 느낌으로 가볍게 터치하도록 한다.

〈 눈꺼풀 쓸어내리기 〉

두 번째 팁은 조금씩 나아가는 방식으로 오실레이션을 하는 것이다. 처음에는 눈을 뜬 뒤에 바로 감도록 한다. 두 번째는 눈을 뜬 뒤에 1초 정도의 시간을 두고 눈을 감게 한다. 세 번째는 눈을 뜬 뒤에 2초 정도의 시간을 두고 눈을 감게 한다.

이렇게 하는 것은 점차 피최면자가 이 과정에 대해 훈련하고 학습하도록 만드는 것이다. 처음에는 당연히 어떻게 해야 하는지 모르므로 반응이 굼뜨고 원하는 반응이 나오지 않을 수 있다. 그러므로 눈을 떴을 때 의식이 쉽게 외부로 향하게 되고 눈을 오래 뜨고 있으면 다시 의식을 내면으로 돌리기가 어렵게 된다. 그러므로 처음에는 눈을 아주 짧은 시간만 뜬 뒤에 감는 것으로 외부에 있는 시간을 줄이고, 어떻게 하는 것인지를 학습시킨다. 다음에는 조금 더 길게 눈을 뜨게 한 뒤에 눈을 감긴다. 이미 어떻게 해야 하는지를 학습한 상태이기 때문에 전보다 더 쉽게 내면으로 의식이 향할 수 있게 된다.

이렇게 조금씩 눈을 뜬 시간을 늘려서 3초 정도 눈을 뜬 상태로 오실레이션을 할 수 있게 된다면, 다음에는 눈을 뜬 상태에서 "나를 보세요."라고 말한 뒤에 피최면자가 최면가를 바라보는 것을 확인하고 다시 바로 눈을 감긴다. 다음에는 앞에서와 같이 1초 정도 시간을 둔 뒤에 눈을 감기고, 최종적으로 3초 정도 시간을 둔 뒤에 눈을 감긴다.

이 단계에서는 최면가를 바라보는 것을 확인한 뒤에 눈을 감기는 것이다. 처음에 그냥 눈을 떴을 때에는 초점이 향할 대상이 명확하지 않았기 때문에 의식이 느리게 외부로 향하게 된다. 하지만 최면가를 바라보도록 하게 되면 초점이 향할 대상이 명확하기 때문에 시선을 최면가에게 향하면서 동시에 의식도 함께 최면가에게 향한다. 이것을 최면가에게 의식이 향하려 하지만 내면에서 잡아끄는 힘이 강하기 때문에 외부로 의식이 나가지 못하도록 훈련시키는 것이다.

마지막 단계는 "나를 보세요."라고 말한 뒤에 손으로 눈을 감기지 않고 "슬립"이라고 말하는 것 만으로 눈을 감게 하는 것이다. 앞 단계에서와 마찬가지로 처음에는 눈을 뜨자마자 바로 감기고, 점차 눈을 뜨는 시간을 조금씩 늘리면서 최종적으로 3초 정도 눈을 뜨게 한다.

손으로 눈을 감기지 않는다는 것은 피최면자가 모든 과정에서 최면가의 언어만으로 지시를 따르도록 하기 위함이다. 그러므로 처음에는 손과 같은 보조를 사용하지만 점차 보조 없이 언어만으로 전체 프로세스를 진행하는 것이다.

이 내용의 프로세스를 정리하자면 다음과 같다.

> 눈을 뜬 뒤에 손으로 바로 눈을 감긴다 →
> 눈을 뜬 뒤에 1초 정도 뜬 상태를 유지하고 손으로 눈을 감긴다 →
> 눈을 뜬 뒤에 2초 정도 뜬 상태를 유지하고 손으로 눈을 감긴다 →
> 눈을 뜬 뒤에 3초 정도 뜬 상태를 유지하고 손으로 눈을 감긴다 →
> 눈을 뜬 뒤에 "나를 보세요"라고 이야기 한 뒤에 손으로 바로 눈을 감긴다 →
> 눈을 뜬 뒤에 "나를 보세요"라고 이야기 한 뒤에 1초 정

도 눈을 뜬 상태를 유지하고 손으로 눈을 감긴다 →
눈을 뜬 뒤에 "나를 보세요"라고 이야기 한 뒤에 2초 정도 눈을 뜬 상태를 유지하고 손으로 눈을 감긴다 →
눈을 뜬 뒤에 "나를 보세요"라고 이야기 한 뒤에 3초 정도 눈을 뜬 상태를 유지하고 손으로 눈을 감긴다 →
눈을 뜬 뒤에 "나를 보세요"라고 이야기 한 뒤에 손을 사용하지 않고 곧바로 "슬립"이라는 말로 눈을 감긴다 →
눈을 뜬 뒤에 "나를 보세요"라고 이야기 하고 1초 정도 눈을 뜬 상태를 유지하고 손을 사용하지 않고 "슬립"이라는 말로 눈을 감긴다 →
눈을 뜬 뒤에 "나를 보세요"라고 이야기 하고 2초 정도 눈을 뜬 상태를 유지하고 손을 사용하지 않고 "슬립"이라는 말로 눈을 감긴다 →
눈을 뜬 뒤에 "나를 보세요"라고 이야기 하고 2초 정도 눈을 뜬 상태를 유지하고 손을 사용하지 않고 "슬립"이라는 말로 눈을 감긴다

:: 오실레이션, 이렇게 한다 #2 ::

최면가 : 지금은 아니고 잠시 후에. 내가 셋을 세면 눈을 뜨고, 슬립이라고 하면 눈을 감고 지금보다 더 깊이 다 놓아주고 갑니다. 이해했으면 고개를 끄덕이세요.
피최면자 : (고개를 끄덕임)

최면가 : 하나, 둘, 셋! 눈 뜨세요. 눈 뜨세요. 눈 뜨세요.

피최면자 : (눈을 뜬다.)

최면가 : (곧바로) 슬립!(손으로 가볍게 눈을 쓸어준다.) 눈을 감고 다 놓아줍니다. 더 깊이 다 놓아줍니다. 다 놓아주고 깊이 갑니다.

피최면자 : (눈을 감고 몸을 이완한다.)

최면가 : 다시 한번, 내가 셋을 세면 눈을 뜨고, 슬립이라고 하면 눈을 감고 지금보다 더 깊이 다 놓아주고 갑니다. 하나, 둘 셋! 눈 뜨세요. 눈 뜨세요. 눈 뜨세요.

피최면자 : (눈을 뜬다.)

최면가 : (1초 정도 기다린 후) 슬립! (손으로 가볍게 눈을 쓸어준다.) 눈을 감고 다 놓아줍니다. 더 깊이 다 놓아줍니다. 다 놓아주고 깊이 갑니다.

피최면자 : (눈을 감고 몸을 이완한다.)

최면가 : 내가 셋을 세면 눈을 뜨고, 슬립이라고 하면 눈을 감고 지금보다 더 깊이 다 놓아주고 갑니다. 하나, 둘 셋! 눈 뜨세요. 눈 뜨세요. 눈 뜨세요.

피최면자 : (눈을 뜬다.)

최면가 : (2초 정도 기다린 후) 슬립! (손으로 가볍게 눈을 쓸어준다.) 눈을 감고 다 놓아줍니다. 더 깊이 다 놓아줍니다. 다 놓아주고 깊이 갑니다.

피최면자 : (눈을 감고 몸을 이완한다.)

최면가 : 내가 셋을 세면 눈을 뜨고, 슬립이라고 하면 눈

을 감고 지금보다 더 깊이 다 놓아주고 갑니다. 하나, 둘 셋! 눈 뜨세요. 눈 뜨세요. 눈 뜨세요.

피최면자 : (눈을 뜬다.)

최면가 : (3초 정도 기다린 후) 슬립! (손으로 가볍게 눈을 쓸어준다.) 눈을 감고 다 놓아줍니다. 더 깊이 다 놓아줍니다. 다 놓아주고 깊이 갑니다.

피최면자 : (눈을 감고 몸을 이완한다.)

최면가 : 내가 셋을 세면 눈을 뜨고, 슬립이라고 하면 눈을 감고 지금보다 더 깊이 다 놓아주고 갑니다. 하나, 둘 셋! 눈 뜨세요. 눈 뜨세요. 눈 뜨세요.

피최면자 : (눈을 뜬다.)

최면가 : 나를 보세요. (피최면자의 초점이 최면가에게 향하는 순간) 슬립! (손으로 가볍게 눈을 쓸어준다.) 눈을 감고 다 놓아줍니다. 더 깊이 다 놓아줍니다. 다 놓아주고 깊이 갑니다.

피최면자 : (눈을 감고 몸을 이완한다.)

최면가 : 내가 셋을 세면 눈을 뜨고, 슬립이라고 하면 눈을 감고 지금보다 더 깊이 다 놓아주고 갑니다. 하나, 둘 셋! 눈 뜨세요. 눈 뜨세요. 눈 뜨세요.

피최면자 : (눈을 뜬다.)

최면가 : 나를 보세요. (피최면자의 초점이 최면가에게 향하고 1초 정도 기다린 후) 슬립! (손으로 가볍게 눈을 쓸어준다.) 눈을 감고 다 놓아줍니다. 더 깊이 다 놓아줍

니다. 다 놓아주고 깊이 갑니다.

피최면자 : (눈을 감고 몸을 이완한다.)

최면가 : 내가 셋을 세면 눈을 뜨고, 슬립이라고 하면 눈을 감고 지금보다 더 깊이 다 놓아주고 갑니다. 하나, 둘, 셋! 눈 뜨세요. 눈 뜨세요. 눈 뜨세요.

피최면자 : (눈을 뜬다.)

최면가 : 나를 보세요. (피최면자의 초점이 최면가에게 향하고 2초 정도 기다린 뒤) 슬립! (손으로 가볍게 눈을 쓸어준다.) 눈을 감고 다 놓아줍니다. 더 깊이 다 놓아줍니다. 다 놓아주고 깊이 갑니다.

피최면자 : (눈을 감고 몸을 이완한다.)

최면가 : 내가 셋을 세면 눈을 뜨고, 슬립이라고 하면 눈을 감고 지금보다 더 깊이 다 놓아주고 갑니다. 하나, 둘, 셋! 눈 뜨세요. 눈 뜨세요. 눈 뜨세요.

피최면자 : (눈을 뜬다.)

최면가 : 나를 보세요. (피최면자의 초점이 최면가에게 향하고 3초 정도 기다린 뒤) 슬립! (손으로 가볍게 눈을 쓸어준다.) 눈을 감고 다 놓아줍니다. 더 깊이 다 놓아줍니다. 다 놓아주고 깊이 갑니다.

피최면자 : (눈을 감고 몸을 이완한다.)

최면가 : 내가 셋을 세면 눈을 뜨고, 슬립이라고 하면 눈을 감고 지금보다 더 깊이 다 놓아주고 갑니다. 하나, 둘, 셋! 눈 뜨세요. 눈 뜨세요. 눈 뜨세요.

피최면자 : (눈을 뜬다.)

최면가 : 나를 보세요. (피최면자의 초점이 최면가에게 향하는 순간) 슬립! 눈을 감고 다 놓아줍니다. 더 깊이 다 놓아줍니다. 다 놓아주고 깊이 갑니다.

피최면자 : (눈을 감고 몸을 이완한다.)

최면가 : 내가 셋을 세면 눈을 뜨고, 슬립이라고 하면 눈을 감고 지금보다 더 깊이 다 놓아주고 갑니다. 하나, 둘 셋! 눈 뜨세요. 눈 뜨세요. 눈 뜨세요.

피최면자 : (눈을 뜬다.)

최면가 : 나를 보세요. (피최면자의 초점이 최면가에게 향하고 1초 정도 기다린 뒤) 슬립! 눈을 감고 다 놓아줍니다. 더 깊이 다 놓아줍니다. 다 놓아주고 깊이 갑니다.

피최면자 : (눈을 감고 몸을 이완한다.)

최면가 : 내가 셋을 세면 눈을 뜨고, 슬립이라고 하면 눈을 감고 지금보다 더 깊이 다 놓아주고 갑니다. 하나, 둘 셋! 눈 뜨세요. 눈 뜨세요. 눈 뜨세요.

피최면자 : (눈을 뜬다.)

최면가 : 나를 보세요. (피최면자의 초점이 최면가에게 향하고 2초 정도 기다린 뒤) 슬립! 눈을 감고 다 놓아줍니다. 더 깊이 다 놓아줍니다. 다 놓아주고 깊이 갑니다.

피최면자 : (눈을 감고 몸을 이완한다.)

최면가 : 내가 셋을 세면 눈을 뜨고, 슬립이라고 하면 눈을 감고 지금보다 더 깊이 다 놓아주고 갑니다. 하나, 둘

셋! 눈 뜨세요. 눈 뜨세요. 눈 뜨세요.

피최면자 : (눈을 뜬다.)

최면가 : 나를 보세요. (피최면자의 초점이 최면가에게 향하고 3초 정도 기다린 뒤) 슬립! 눈을 감고 다 놓아줍니다. 더 깊이 다 놓아줍니다. 다 놓아주고 깊이 갑니다.

▍최면 심화법 #3 : 팔 떨어뜨리기

팔 떨어뜨리기의 목적 : 피최면자가 자신의 몸을 통제하지 않고 완전히 최면가에게 맡김.

오실레이션이 끝난 뒤에는 「팔 떨어뜨리기」를 한다. 팔 떨어뜨리기란 말 그대로 잠시 팔을 들어 올린 뒤에 허공에서 놓아 떨어뜨리는 것을 말한다. 이것은 피최면자가 온전하게 최면적인 유도를 따라오고 있는지 아직까지도 힘을 빼고 있지 못하는 것이 있는지를 체크하기 위한 단계이다.

팔 떨어뜨리기는 우선 피최면자에게 팔을 들어올린다고 이야기한다. 이 때 중요한 것은 팔을 들어올리지만 몸에 힘을 뺀 상태로 팔을 들어올리는 것을 도와주지 말라고 미리 이야기 하는 것이다. 만약 이 지시를 피최면자가 제대로 따르지 않는다면 팔을 들어올릴 때에 팔에 힘이 들어가거나 피최면자가 팔을 들어올려줘서 쉽게 팔이 들리게 된다. 혹은 피최면자가 스스로 팔을 들어서 최면가가 들어올리지 않았는데도 팔이 올라가는 경우도 있다.

만약 피최면자가 팔을 들어올릴 때 힘을 완전히 빼지 않는다면 다시 팔을 내려놓고 앞에서 이야기 한 것을 다시 설명한다. 많은 경우 무언가를 잘 해야 한다고 생각하거나 최면가를 도와주기 위해서 힘을 주는 경우가 있다. 그러므로 이 단계를 잘 하기 위해서는 완전히 힘을 빼고 최면가에게 맡겨두는 것이 잘 하는 것이고, 최면가를 도와주는 것이라는 추가 설명을 해 주면 대부분의 경우 힘을 빼게 된다.

팔을 들어올릴 때에는 손목을 잡고 올리면 된다. 이 때, 엄지와 검지 혹은 엄지, 검지, 중지로 고리를 만들 듯 손목을 잡아 들어주는 것이 좋다. 다섯 손가락을 모두 이용하여 들면 오히려 불편하다. 그러므로 가볍게 손목만 집어들 듯 붙잡고 들어올리는 것이 좋다.

이렇게 팔을 들어올리게 되면 제대로 힘이 빠진 경우 팔꿈치가 아래로 늘어지고 손목에 무게가 집중되는 느낌이 든다. 최면가는 마치 축 늘어진 무게가 있는 물건을 집어들고 있는 것과 같은 느낌이 들게 되므로 이런 느낌이 들었다면 제대로 피최면자가 힘을 뺀 것이다.

팔을 들어올릴 때 높이는 손목이 가슴께 정도의 높이까지 올라가도록 하면 된다. 너무 높이 들어도 안되지만 너무 낮게 들어도 안된다. 이 높이는 최면가 자신에게 편한 높이를 찾는 것이 좋은데 대부분의 경우 어깨를 넘어가지는 않는다.

손목을 들어올린 뒤에는 그 상태에서 "이제 셋을 센 뒤에 팔을 떨어뜨릴텐데, 팔이 무릎이나 허벅지에 닿으면 지금보다 두 배 더 놓아줍니다."라고 말한다. 그리고 셋을 센 뒤에 들어올리고 있던 손목을 놓으면 제대로 힘을 뺀 상태라면 툭 떨어질 것이다. 만약 천천히 떨어지거나 떨어지지 않았다면 팔에 힘을 빼지 않고 있었다는 것이므로 다시 한 번 설명한 뒤에 시도한다.

이 팔 떨어뜨리기를 양 손 모두 한다. 만약 부족하다거나 만족스럽게 반응이 나오지 않았다면 충분히 몇 번이고 반복할 수 있다. 최소한 3회 이상은 반복해야 하며 피최면자가 완전히 자신의 손을 놓아두고 버리게 된다면 다음 단계로 나아간다.

:: 팔 떨어뜨리기, 이렇게 한다 ::

최면가 : 잠시 후에 내가 손목을 잡고 팔을 들어올릴 것입니다. 이 때, 팔에 힘을 완전히 빼고 나를 도와주려고 하지 마세요. 팔을 완전히 놓아두고 있으면 됩니다. (손목을 잡고 들어올린다.)

최면가 : (어느 정도 높이에 손을 들어올리고, 힘을 완전히 뺀 것을 확인했으면) 이제 셋을 센 뒤에 팔을 놓아서 팔이 떨어질텐데, 팔이 떨어지면서 지금보다 두 배 더 편안해지며 모든 것을 놓아줍니다. 하나, 둘, 셋!(팔을 놓아준다.)

〈 팔 들어올리기 〉

〈 팔 떨어뜨리기 〉

최면 심화법 #4 : 숫자 세기

숫자 세기의 목적 : 숫자에 따라 점차 더욱 아무것도 안하게 됨.

숫자 세기란 숫자를 세 나아가는 것과 함께 이완하고 편해지는 것을 더욱 깊이 해 나아가는 것이다. 처음에는 5부터 1까지 숫자를 거꾸로 세며, 다음에는 10부터 1까지 숫자를 세도록 한다. 단 처음 5부터 1까지 셀 때에는 두 배씩 편안해진다고 이야기하며, 두 번째 10부터 1까지 셀 때에는 다섯 배 혹은 열 배씩 편안해진다고 이야기한다.

∷ 숫자 세기, 이렇게 한다 ∷

최면가 : 잠시 후에 숫자를 5부터 1까지 셀 것입니다. 숫자를 하나씩 셀 때마다 지금보다 두 배씩 더 편안하게 되고 다 놓아버릴 수 있게 됩니다. 다섯. (1~2초 정도 간격을 둔다) 넷. (1~2초 정도 간격을 둔다) 셋. (1~2초 정도 간격을 둔다) 둘 (1~2초 정도 간격을 둔다) 하나.

최면가 : 자, 모든 것을 다 놓고 편안하게 되었습니다. 이제 다시 한 번 숫자를 셀텐데, 이번에는 10부터 1까지 셀 것입니다. 이번에 숫자를 셀 때에는 전보다 훨씬 더 많이, 더 빨리 편안해져서 숫자를 셀 때마다 다섯 배씩 편안하게 됩니다. 열. (1~2초 정도 간격을 둔다) 아홉. (1~2초 정도 간격을 둔다) 여덟. (1~2초 정도 간격을 둔다) 일

곱. (1~2초 정도 간격을 둔다) 여섯. (1~2초 정도 간격을 둔다) 다섯 (1~2초 정도 간격을 둔다) 넷. (1~2초 정도 간격을 둔다) 셋. (1~2초 정도 간격을 둔다) 둘. (1~2초 정도 간격을 둔다) 하나. 완전히 편안해지고 모든 것을 다 놓아줍니다.

▎최면 심화법 #5 : 최면 현상 확인 Convincer

최면 현상 확인의 목적 : 숫자를 망각하고 떠올리지 못함.

여기까지의 과정을 마쳤다면 피최면자는 매우 높은 확률로 섬냄뷸리즘(Somnambulism) 상태에 들어가게 된다. 흔히 말하는 최면 상태란 이 섬냄뷸리즘을 말하며 이 상태가 확보되어야 최면 작업을 할 수 있다. 섬냄뷸리즘이란 피최면사의 오감과 정신작용을 최면가의 최면적 제안을 통해 변화시킬 수 있는 상태이며 피최면자의 정신이 최면가의 말이나 지시에 매우 민감하게 반응하는 상태이기도 하다.

최면 유도의 목적은 이 섬냄뷸리즘을 확보하는 것이다. 그러므로 여러 최면적 이론에서 최면적 깊이 등을 이야기하지만 단순하게 섬냄뷸리즘과 그렇지 않은 일반 의식 상태로 나누면 간단하게 구분할 수 있다. 아무리 최면 유도를 깊이 해도 섬냄뷸리즘이 확보되지 않았다면 최면적 작업을 할 수는 없다. 그러므로 어떠한 기법이 되었다 해도 섬냄뷸리즘을 유도하지 못한다면 최면이라고 볼 수 없다.

어째서 최면에서 섬냄뷸리즘을 확보할 필요가 있을까? 그것은 섬냄뷸리즘이 인지 변성을 일으킬 수 있는 의식 상태이기 때문이다. 일반적으로 기억의 소거와 환각의 체험을 말하는 경우가 있다. 즉 섬냄뷸리즘 상태가 되어야만 피최면자에게 기억의 소거 혹은 환각 체험을 일으킬 수 있다. 대부분의 최면적 변성 기법들은 이를 기반으로 하고 있다.

지금까지의 과정을 거치면 최면 섬냄뷸리즘을 확보할 수 있다고 했지만 단순히 여기까지의 과정을 마쳤다고 해서 무조건 섬냄뷸리즘이 확보되었다고 볼 수는 없다. 그렇기 때문에 제대로 섬냄뷸리즘이 확보되었는지 확인할 필요가 있다. 섬냄뷸리즘의 확인은 여러 가지 최면 현상을 일으키는 것으로 가능하다. 특히 그 중에서도 추상적인 정신 작용에 대한 최면 현상이 일어나야 제대로 최면 작업이 가능한 섬냄뷸리즘이 확보되었다고 할 수 있다.

이렇게 최면 현상을 일으키는 것으로 최면 상태가 확립되었는지를 확인하는 방법을 최면 컨빈서(Convincer)라고 한다. 컨빈서라는 단어의 원형인 Convince는 「납득시키다. 확신시키다.」라는 의미를 가지고 있다. 즉, 컨빈서는 최면 현상을 납득시키고 확신시키는 기능을 하는 요소가 된다.

그렇다면 누가 확신을 하는 것일까? 그 답은 최면가와 피최면자 양쪽 모두가 된다. 최면가는 컨빈서가 제대로 작동하는 것을 통해 피최면자가 섬냄뷸리즘에 들었음을 확신하고 다음 단계로 나아갈 수 있게 된다. 피최면자는 평상시의 자신이라면 충분히 가능한 일임에도 불구하고 하지 못하는 것을 체험하고 자신이 최면에 들었음을 확신하게 된다. 이러한 의미에서 컨빈서는 최면에 있어서 매우 중요한 단계이다.

여러 가지 방법의 컨빈서가 있지만 여기에서는 「숫자 망각」이라는 컨빈서를 설명하도록 하겠다. 숫자 망각이란 머릿속에서 어떠한 숫자를 잠시 잊게 만드는 것이다. 예를 들어, 숫자 3을 지웠다면 머릿속에서 일어나는 정신적 활동에서 3과 관련한 것들이 떠오르지 않는 것이다. 그러므로 숫자를 1부터 10까지 셀 때에도 3을 뛰어넘고 센다거나 1+2라는 단순한 계산을 하지 못하게 된다. 이렇게 특정한 숫자를 머릿속에서 처리하지 못하게 된다면 컨빈서는 성공한 것이며 섬냄뷸리즘 상태가 확보된 것이라고 볼 수 있다.

숫자 망각은 어떤 숫자로 해도 상관없지만 여기에서는 일괄적으로 숫자 「6」을 망각하는 것으로 정하도록 하자. 이렇게 정해두고 정해진 것을 충분히 훈련한 뒤에, 훈련한대로 실전에서 적용해야만 실수나 실패의 여지가 적다. 그러므로 충분히 익숙해지고 능숙하게 된 뒤에는 어떤 숫자를 망각시켜도 상관 없으나 그 전까지의 모든 최면 작업에서는 여기에서 훈련한대로 숫자 「6」을 망각하는 것으로 생각하자.

숫자 망각의 문구는 "이제부터 머릿속에서 5와 7 사이의 숫자가 사라집니다."이다. 여기에서 굳이 "머릿속에서 6이 사라집니다."라고 말하지 않는 이유는 굳이 언급하는 것으로 사라졌던 숫자 6이 되돌아올 수 있기 때문이다. 이 문구를 충분히 여러 번 반복해준다.

이 뒤에는 1부터 10까지를 여러 번 반복하여 말하게 한다. 이 때, 최면가가 먼저 예를 보여주고 피최면자가 이를 따라하도록 한다. 예를 들면, "이제 1부터 10까지를 세 보도록 하겠습니다. 1, 2, 3, 4, 5, 7, 8, 9,

10. 따라해 보세요."와 같이 최면가가 6이 빠진 채로 숫자를 세도록 하고 그것을 따라하도록 시키는 것이다. 이것을 여러 번 반복시켜서 피최면자의 정신세계 속에서 6이 인지되지 않도록 하는 동시에 1에서 10까지 세는 것을 그 순간만이라도 6이 빠진 것이 당연하도록 느끼게 만든다.

〈 숫자 망각 〉

숫자 망각의 테스트는 다섯 단계로 되어 있다. 우선 최면가가 우선 세지 않은 상태에서 피최면자가 눈을 감은 상태로 숫자를 1부터 10까지 세도록 한다. 이 때 6을 세지 않는지 확인한다. 6을 세지 않았다면 10을 세는 순간 "다 편안하게 놓아둡니다."와 같이 최면가의 지시를 따르도록 한다. 두 번째로 동일하게 숫자를 세지만 10을 센 뒤에 1~2초 정도 기다린 뒤에 최면가의 지시를 따르도록 한다.

이 뒤에는 간단한 계산을 하도록 한다. 우선 "2+3은 뭐지요?"를 물어보고 답을 들어서 기초적인 계산에는 아무런 문제가 없다는 것을 확인한다. 그 뒤에 "2×3은 뭔가요?"라고 물은 뒤에 곧바로 "편안하게 다 놓아둡니다." 혹은 "슬립"과 같이 지시하여 최면가의 최면적 지시 안에 들어오도록 한다. 다음에는 동일하게 2×3의 계산을 시키지만 1~2초 정도 기다려서 계산이 제대로 이루어지지 않는다는 것을 확인한다. 마지막으로 동일한 계산을 시키지만 3~5초 정도 기다린 뒤에 최면가의 지시로 돌아오도록 한다. 이것을 정리하면 다음과 같은 순서가 된다.

1) 6이 포함되지 않은 1~10을 세고, 바로 최면가의 지시로 돌아옴
2) 6이 포함되지 않은 1~10을 세고, 1~2초 뒤 최면가의 지시로 돌아옴
3) 2×3을 물어보고, 바로 최면가의 지시로 돌아옴
4) 2×3을 물어보고, 1~2초 뒤 최면가의 지시로 돌아옴
5) 2×3을 물어보고, 3~5초 뒤 최면가의 지시로 돌아옴

지금까지의 내용을 성공했다면 다음에는 위의 과정을 눈을 뜬 상

태에서 테스트한다. 눈을 뜬 상태에서는 피최면자의 눈동자를 잘 살펴보도록 한다. 우리의 눈은 뇌와 연결되어 있다. 그러므로 주어지는 것을 받아들이고 있는 수동적인 상태에서는 눈동자가 움직이지 않지만, 스스로 생각하고 판단하고 무언가를 찾아낼 때에는 눈동자가 움직인다. 그러므로 계산을 시켰을 때 눈동자가 움직이려 한다면 머릿속에서 숫자를 찾아내려 한다는 표시가 된다.

이렇게 눈동자가 움직일 때에는 "내 눈을 보세요."와 같은 식으로 눈의 움직임을 고정시킬 수도 있고 아니면 다시 눈을 감게 하는 것으로 다시 테스트 할 수 있는 기회를 만들 수 있다. 만약 후자의 방식을 택한다면 눈을 뜬 시간을 아주 조금씩 길게 하는 것으로 충분히 원하는 시간까지 숫자를 망각시킬 수 있다.

마지막으로는 위의 내용을 최면에서 돌아 나온 뒤에 테스트한다. 이 때에는 다시 최면 상태로 돌아갈 수 있도록 셋업을 해 둘 필요가 있다. 그러므로 두 가지 문구를 기억해 둘 필요가 있다. 첫 번째는 최면에서 돌아나오도록 하는 문구이다. 완전히 돌아나오도록 하는 것은 뒤의 클로징 단계에서 설명하도록 하고, 여기에서는 임시적으로 돌아나오도록 한다. 최면에서 돌아나오게 할 때에는 "내가 셋을 세면, 눈을 뜨고 최면에서 돌아나옵니다."라고 지시한다.

두 번째 문구는 다시 이 최면 상태로 들어오도록 하는 셋업이다. 예를 들면, "잠시 후에, 슬립이라고 하면 지금처럼 깊고 편안하게 돌아옵니다."라고 셋업을 하는 것이다. 그러면 최면에서 돌아나와 평상 의식으로 돌아온 뒤에 테스트를 마치고 "슬립"이라고 말하는 것으로 다시 최면 상태로 들어오게 하는 것이다. 이 때 "슬립"과 같이 사용되는 단어를 트리거 워드(Trigger Word)라고 한다.

마지막 단계는 조금 순서가 복잡하므로 확실한 이해가 필요하다. 우선 트리거 워드를 셋업한다. 그 뒤에 최면에서 돌아나오게 한다. 최면에서 돌아나와 눈을 뜨면 그 즉시 트리거 워드를 사용해서 다시 최면 상태로 돌아오게 한다. 다시 트리거 워드를 셋업하고 최면에서 돌아나오게 한다. 이 번에는 2초 가량 눈을 뜬 채로 두고 다시 트리거 워드를 이용하여 최면에 돌아오도록 한다. 세 번째로 트리거 워드를 셋업하고 최면에 돌아나오게 한 뒤에 "기분이 어때요?"와 같이 한 두 마디 대화를 한 뒤에 트리거 워드를 이용해 최면으로 돌아오게 한다.

이렇게 최면에서 돌아나온 뒤에 트리거 워드로 최면에 돌아오는 것을 훈련한 뒤에 숫자 망각을 테스트한다. 지금까지와 동일하게 최면에서 돌아나와 눈을 뜬 상태에서 1~10을 세도록 하고 10을 세면 그 즉시 트리거 워드를 이용하여 최면에 돌아오도록 한다. 두 번째로 다시 최면에서 돌아나와 눈을 뜬 상태에서 1~10을 세도록 하고 트리거 워드를 통해 최면에 돌아간다. 이런 식으로 계산에 대해서도 지금까지와 동일하게 테스트한다. 이 과정이 헷갈리는 독자를 위해 과정을 정리하면 다음과 같다.

1단계) 눈을 감은 상태

   1) 6이 포함되지 않은 1~10을 세고, 바로 최면가의 지시로 돌아옴

   2) 6이 포함되지 않은 1~10을 세고, 1~2초 뒤 최면가의

지시로 돌아옴

   3) 2×3을 물어보고, 바로 최면가의 지시로 돌아옴

   4) 2×3을 물어보고, 1~2초 뒤 최면가의 지시로 돌아옴

   5) 2×3을 물어보고, 3~5초 뒤 최면가의 지시로 돌아옴

2단계) 눈을 뜬 상태

   1) 6이 포함되지 않은 1~10을 세고, 바로 최면가의 지시로 눈을 감고 돌아옴

   2) 6이 포함되지 않은 1~10을 세고, 1~2초 뒤 최면가의 지시로 눈을 감고 돌아옴

   3) 2×3을 물어보고, 바로 최면가의 지시로 눈을 감고 돌아옴

   4) 2×3을 물어보고, 1~2초 뒤 최면가의 지시로 눈을 감고 돌아옴

   5) 2×3을 물어보고, 3~5초 뒤 최면가의 지시로 눈을 감고 돌아옴

3단계) 최면에서 돌아나온 상태

   1) 6이 포함되지 않은 1~10을 세고, 바로 최면가의 트리거 워드로 눈을 감고 최면으로 돌아옴.

2) 6이 포함되지 않은 1~10을 세고, 1~2초 뒤 최면가의 트리거 워드로 눈을 감고 최면으로 돌아옴.

3) 2×3을 물어보고, 바로 최면가의 트리거 워드로 눈을 감고 최면으로 돌아옴.

4) 2×3을 물어보고, 1~2초 뒤 최면가의 트리거 워드로 눈을 감고 최면으로 돌아옴.

5) 2×3을 물어보고, 3~5초 뒤 최면가의 트리거 워드로 눈을 감고 최면으로 돌아옴.

여기까지 완전히 통과했다면 섬냄뷸리즘이 확고하게 확보되었다고 볼 수 있다. 그러므로 이제부터는 최면으로 매우 다양한 현상들을 일으킬 수 있으며, 이를 바탕으로 최면적 작업과 최면적 변화를 일으킬 수 있다.

:: 컨빈서, 이렇게 한다 ::

[눈 감은 상태]

최면가 : 이제부터 머릿속에서 5와 7 사이의 숫자가 사라집니다. 머릿속에서 5와 7 사이의 숫자가 사라지고 1부터 10 사이의 숫자는 1, 2, 3, 4, 5, 7, 8, 9, 10이 됩니다. 따라하세요. 1, 2, 3, 4, 5, 7, 8, 9, 10.

피최면자 : 1, 2, 3, 4, 5, 7, 8, 9, 10

최면가 : 다시 한 번 하겠습니다. 1, 2, 3, 4, 5, 7, 8, 9, 10

피최면자 : 1, 2, 3, 4, 5, 7, 8, 9, 10

최면가 : 자, 그러면 1부터 10까지 세 보세요.

피최면자 : 1, 2, 3, 4, 5, 7, 8, 9, 10

최면가 : (10을 세는 즉시) 잘했습니다. 다 내려놓고 편안하게 됩니다. 다시 한 번 1부터 10까지 숫자를 세 보겠습니다.

피최면자 : 1, 2, 3, 4, 5, 7, 8, 9, 10

최면가 : (1~2초 정도 기다린 뒤) 네, 잘했습니다. 내려놓고 편안하게 됩니다. 이제는 간단한 계산을 해 보겠습니다. 2+3의 답은 무엇인가요?

피최면가 : 5

최면가 : 네, 잘했습니다. 그러면 2×3의 답은 무엇인가요?

피최면가 : (침묵)

최면가 : (곧바로) 네, 다 내려놓고 편안하게 됩니다. 다 내려놓습니다. 다시 한 번 해 보겠습니다. 2×3은 무엇일까요?

피최면가 : (침묵) (혹은) 모르겠어요.

최면가 : (1~2초 기다린 뒤) 아주 잘했습니다. 다 내려놓고 편안하게 됩니다. 머릿속도 매우 편안하게 됩니다. 한 번 더 해 보겠습니다. 2×3은?

피최면가 : (침묵) (혹은) 모르겠어요.

최면가 : (3~5초 기다린 뒤) 네, 잘했습니다. 다 내려놓으세요. 머릿속에 있는 생각도 내려놓고 편안하게 됩니다.

[눈을 뜬 상태]

최면가 : 이제는 눈을 뜬 상태에서 다시 한 번 해 보겠습니다. 이제부터 내가 셋을 세면 눈을 뜨고, "슬립"이라고 말하면 눈을 감고 다 내려놓고 편안하게 놓아둡니다. 여전히 머릿속에서 5와 7 사이의 숫자는 사라져 있습니다. 1부터 10까지 세면, 1, 2, 3, 4, 5, 7, 8, 9, 10이 됩니다. 따라 해 보세요.

피최면자 : 1, 2, 3, 4, 5, 7, 8, 9, 10

최면가 : 네, 이제 내가 셋을 세면 눈을 뜹니다. 하나, 둘, 셋! (피최면자가 눈을 뜨면) 1부터 10까지 세 보세요.

피최면자 : 1, 2, 3, 4, 5, 7, 8, 9, 10

최면가 : (10을 세는 순간) 슬립! 다 내려놓고 깊이 편안하게 놓아둡니다. 다 내려놓고 편안하게 내려갑니다. 다시 한 번 내가 셋을 세면 눈을 뜨고, 슬립!이라고 하면 지금처럼 눈을 감고 편안하게 놓아둡니다. 하나, 둘, 셋! (피최면자가 눈을 뜨면) 1부터 10까지 세 보세요.

피최면자 : 1, 2, 3, 4, 5, 7, 8, 9, 10

최면가 : (1~2초 기다리고) 슬립! 다 내려놓고 편안하게 놓아둡니다. 편안하게 놓아둡니다. 내가 셋을 세면 눈을

뜨고, 슬립!이라고 하면 지금처럼 눈을 감고 편안하게 놓아둡니다. 하나, 둘, 셋! (피최면자가 눈을 뜨면) 2×3의 답은 무엇인가요?

피최면가 : (침묵)

최면가 : (곧바로) 슬립! 다 내려놓고 편안하게 됩니다. 다 내려놓습니다. 다시 내가 셋을 세면 눈을 뜨고, 슬립!이라고 하면 지금처럼 눈을 감고 편안하게 놓아둡니다. 하나, 둘, 셋! (피최면자가 눈을 뜨면) 2×3의 답은 무엇인가요?

피최면가 : (침묵) (혹은) 모르겠어요.

최면가 : (1~2초 기다린 뒤) 슬립! 아주 잘했습니다. 다 내려놓고 편안하게 됩니다. 머릿속도 매우 편안하게 됩니다. 한 번 더 해 보겠습니다. 내가 셋을 세면 눈을 뜨고, 슬립!이라고 하면 지금처럼 눈을 감고 편안하게 놓아둡니다. 하나, 둘, 셋! (피최면자가 눈을 뜨면) 2×3은?

피최면가 : (침묵) (혹은) 모르겠어요.

최면가 : (3~5초 기다린 뒤) 슬립! 네, 잘했습니다. 눈을 감고 다 내려놓으세요. 머릿속에 있는 생각도 내려놓고 편안하게 됩니다.

[최면에서 돌아나온 상태]

최면가 : 이제부터 내가 셋을 세면 눈을 뜨고 의식을 되돌립니다, 그리고 "슬립"이라고 말하면 눈을 감고 다 내

려놓고 지금과 같이 다 내려놓고 편안한 상태로 되돌아옵니다. 여전히 머릿속에서 5와 7 사이의 숫자는 사라져 있습니다. 1부터 10까지 세면, 1, 2, 3, 4, 5, 7, 8, 9, 10이 됩니다. 따라해 보세요.

피최면자 : 1, 2, 3, 4, 5, 7, 8, 9, 10

최면가 : 네, 이제 내가 셋을 세면 눈을 뜨고 의식이 되돌아옵니다. 하나, 둘, 셋! (피최면자가 눈을 뜨면) 1부터 10까지 세 보세요.

피최면자 : 1, 2, 3, 4, 5, 7, 8, 9, 10

최면가 : (10을 세는 순간) 슬립! 다 내려놓고 깊이 편안하게 놓아둡니다. 다 내려놓고 편안하게 내려갑니다. 다시 한 번 내가 셋을 세면 눈을 뜨고 의식을 되돌립니다, 슬립!이라고 하면 지금처럼 눈을 감고 편안한 상태로 되돌아옵니다. 하나, 둘, 셋! (피최면자가 눈을 뜨면) 1부터 10까지 세 보세요.

피최면자 : 1, 2, 3, 4, 5, 7, 8, 9, 10

최면가 : (1~2초 기다리고) 슬립! 다 내려놓고 편안하게 놓아둡니다. 편안하게 놓아둡니다. 내가 셋을 세면 눈을 뜨고 의식이 돌아오고, 슬립!이라고 하면 지금처럼 눈을 감고 편안하게 놓아둡니다. 하나, 둘, 셋! (피최면자가 눈을 뜨면) 2×3의 답은 무엇인가요?

피최면가 : (침묵)

최면가 : (곧바로) 슬립! 다 내려놓고 편안하게 됩니다.

다 내려놓습니다. 다시 내가 셋을 세면 눈을 뜨고 의식이 되돌아 옵니다, 슬립!이라고 하면 지금처럼 눈을 감고 편안하게 놓아둡니다. 하나, 둘, 셋! (피최면자가 눈을 뜨면) 2×3의 답은 무엇인가요?

피최면가 : (침묵) (혹은) 모르겠어요.

최면가 : (1~2초 기다린 뒤) 슬립! 아주 잘했습니다. 다 내려놓고 편안하게 됩니다. 머릿속도 매우 편안하게 됩니다. 한 번 더 해 보겠습니다. 내가 셋을 세면 눈을 뜨고 의식이 되돌아옵니다. 슬립!이라고 하면 지금처럼 눈을 감고 편안하게 놓아둡니다. 하나, 둘, 셋! (피최면자가 눈을 뜨면) 2×3은?

피최면가 : (침묵) (혹은) 모르겠어요.

최면가 : (3~5초 기다린 뒤) 슬립! 네, 잘했습니다. 눈을 감고 다 내려놓으세요. 머릿속에 있는 생각도 내려놓고 편안하게 됩니다.

▍최면 심화법 #6 : 앵커와 트리거 Anchor & Trigger

앵커와 트리거의 목적 : 설정한 트리거에 맞춰 앵커시킨 상태로 빠르게 되돌아감.

컨빈서를 통해 최면 현상까지 확인을 했다면 이제 이 상태에 언제든지 들어올 수 있는 훈련이 필요하다. 마치 컴퓨터에서 설치해 둔 프로그램을 실행하기 위해 단축키나 바로가기 아이콘을 만들어두는 것처럼 앞으로 같은 사람과 최면 작업을 할 때 지금까지의 과정을 모두 반복하는 것이 아니라 간단한 키워드나 행동으로 지금까지 유도한 상태를 다시 일으키는 것이다. 앞에서 다뤘던 트리거 워드가 장기적으로 기능하는 것이라고 보면 된다.

이것을 앵커와 트리거라고 한다. 앵커란 특정한 감정 상태나 의식 상태에 마치 닻을 내리는 것처럼 위치를 정해두는 것을 말한다. 트리거는 이렇게 정해 둔 앵커를 발동시키는 자극을 말한다. 만약 주먹을 꽉 쥐는 것을 트리거로, 매우 기쁜 감정 상태를 앵커로 해 두었다면 기쁜 감정을 느끼고 싶을 때 주먹을 꽉 쥐는 것으로 당시의 기쁜 감정을 다시 불러일으킬 수 있게 된다.

여기에서 앵커는 지금 확보한 최면적 섬냄뷸리즘 상태이며 트리거는 지금부터 최면가와 피최면자가 정하는 단어 혹은 행동인 트리거 워드 혹은 트리거 액션(Trigger Action)이 될 것이다. 최면가와 피최면자가 이렇게 앵커링을 확보해 두면 앞으로의 작업에서도 트리거를 이용하여 빠르게 최면 상태로 유도할 수 있으므로 최면 작업을 하기 위한 시간을 최대한으로 확보할 수 있다. 그러므로 반드시 섬냄뷸리즘을 확보했다면 앵커링 작업을 해야만 한다.

앵커링과 관련된 이야기를 하게 되면 꼭 듣는 질문이 한 가지 있다. 그것은 「앵커링을 해 둔 트리거를 평상시 생활에서 만나게 되면 그것에 저항하지 못하고 앵커링 된 상태로 들어가는가?」라는 것이다. 예를 들면, "슬립"이라는 단어를 최면 상태로 들어가는 트리거 워드로 만들었다고 한다면, 길을 가다가 누군가 "슬립"이라는 단어를 말했을 때 그것이 작동하여 자신의 의지와는 무관하게 최면 상태에 들어가는가? 라는 질문으로 이해해도 좋다.

    결론부터 이야기하자면 「그렇지 않다」. 앵커링은 피최면자가 트리거를 사용한다 혹은 작동시킨다는 의도가 있어야만 작동한다. 그러므로 무의식적으로 혹은 의지와는 무관하게 앵커링이 작농하지는 않는다. 여기에서 사용하는 앵커링 역시도 피최면자가 앵커링을 통해 빠르게 최면에 들어가겠다는 의도가 있어야만 작동함을 이해해야 하며, 필요한 경우 이러한 이야기를 피최면자에게 해 주는 것이 좋다.

    그러면 어떻게 앵커링을 만드는 것일까? 지금까지 해 온 방법들과 마찬가지로 최면적 셋업을 해 두고 이를 여러번 반복하고 체험하며 훈련하는 것이다. 앞의 컨빈서와 마찬가지로 트리거 워드 혹은 트리거 액션을 설정한다. 단, 이번에는 "앞으로 언제든지 (트리거)라는 (말/행동)을 (들으면/하면) 언제든지 이 편안하고 모든 것을 놓아둔 상태로 돌아옵니다."라고 셋업한다. 컨빈서에서의 셋업이 해당 단계에서만 작동하는 셋업이라고 한다면, 앵커링에서의 셋업은 앞으로도 계속 이어지는 셋업이라고 보면 될 것이다.

    기본적인 구성은 지금까지와 같다. 첫 단계에서는 눈을 뜬 상태에서 바로 트리거를 작동시켜서 최면 상태로 돌아간다. 뒤에는 눈을 뜬 뒤에 한 박자 쉬고 트리거를 작동시켜 최면 상태로 돌아간다. 마지막으로 눈을 뜬 상태에서 한 두 마디 이야기를 나눈 뒤에 트리거를 작동시켜 최면 상태로 돌아간다.

두 번째 단계에서는 최면에서 돌아나오게 한 뒤에 트리거를 작동시킨다. 최면에서 돌아나온 뒤에 즉시 트리거를 작동시켜 최면 상태로 돌아간다. 다음으로 최면에서 돌아나온 뒤에 2~3초 가량의 시간을 두고 한 박자 쉰 뒤에 트리거를 작동시켜 최면 상태로 돌아간다. 마지막으로는 최면에서 돌아나오고 한 두 마디 이야기를 나눈 뒤에 트리거를 작동시켜 최면 상태로 돌아간다.

조금 더 확실하게 하기 위해서는 가장 마지막 단계를 여러 번 반복해 주는 것도 좋다. 최면에 있어서는 빠르게 하는 것 보다는 확실하게 나아가는 것이 중요하다. 그러므로 조금이라도 최면가가 의심이나 의구심이 든다면 그 부분을 확실하게 제거하고 나아가는 것이 최면에 있어서 성공률을 높이는 비결이 된다.

:: 앵커링, 이렇게 한다 ::

최면가 : 이제는 지금 이렇게 매우 편안하고 다 내려놓은 기분 좋은 상태로 언제든지 되돌아올 수 있도록 단축키를 만들어 두겠습니다. 오늘 이 세션이 끝난 다음에도 언제든지 오늘 약속한 단축키를 사용하면 언제든지 이 편안하고 모든 것을 내려놓은 상태로 되돌아올 수 있습니다. 그 단축키는 "애플"입니다. 앞으로 내가 "애플"이라고 하면 눈을 감고 이 상태로 되돌아옵니다. 내 말을 이해했나요? 이해 했으면 고개를 끄덕이세요.
피최면자 : (고개를 끄덕인다.)

최면가 : 잠시 후에 내가 셋을 세면 눈을 뜹니다. 그리고 내가 "애플"이라고 하면 다시 이 편안한 상태로 돌아옵니다. 하나, 둘, 셋! (피최면자가 눈을 뜨면 그 순간) 애플!

피최면자 : (눈을 감는다.)

최면가 : 아주 잘했습니다. 다시 한 번 셋을 세면 눈을 뜨고, "애플"이라고 하면 언제든지 이 편안하고 기분 좋은 상태로 되돌아옵니다. 하나, 둘, 셋!

피최면자 : (눈을 뜬다.)

최면가 : (2~3초 가량 기다린다.) 애플!

피최면자 : (눈을 감는다.)

최면가 : 네, 좋습니다. 다시 한 번 셋을 세면 눈을 뜨고, 앞으로 언제든지 내가 "애플"이라고 하면 이 편안하고 기분 좋은 상태가 됩니다. 하나, 둘, 셋!

피최면자 : (눈을 뜬다.)

최면가 : 기분 좋지요?

피치면자 : (대답한다.)

최면가 : 슬립! (피최면자가 눈을 감는다). 그렇게 편안하게 다 놓아둡니다.

최면가 : 이제는 내가 셋을 세면 눈을 뜨고 의식을 되돌립니다. 그리고 앞으로 언제든지 내가 "애플"이라고 하면 눈을 감고 지금의 이 편안한 상태로 되돌아옵니다. 하나, 둘, 셋! (피최면자가 눈을 뜨는 순간) 애플!

피최면자 : (눈을 감는다.)

최면가 : 네, 잘했습니다. 다시 한 번 내가 셋을 세면 눈을 뜨고 의식이 되돌아옵니다. 그리고 내가 "애플"이라는 말을 하면 눈을 감고 지금의 다 놓아둔 편안한 상태로 되돌아옵니다. 하나, 둘, 셋!

피최면자 : (눈을 뜬다.)

최면가 : (2~3초 가량 기다린다.) 애플!

피최면자 : (눈을 감는다)

최면가 : 아주 잘했습니다. 마지막으로 내가 셋을 세면 눈을 뜨고 의식이 되돌아옵니다. 그리고 오늘의 최면이 끝나도 앞으로 언제든지 내가 "애플"이라고 말하면 지금과 같이 몸과 마음을 다 놓아두고 편안하게 된 상태로 되돌아옵니다. 하나, 둘, 셋!

피최면자 : (눈을 뜬다.)

최면가 : 지금 기분은 어떤가요? 편안하게 있을 수 있었나요?

피최면자 : (대답한다.)

최면가 : 마음은 편안하게 있을 수 있었나요?

피최면자 : (대답한다.)

최면가 : 애플!

피최면자 : (눈을 감는다.)

최면가 : 네, 다 놓아두고 편안하게 됩니다.

위의 예시에서 「애플」이라고 사용한 트리거 워드는 다른 트리거 워드를 사용하거나 엄지손가락 끝과 검지손가락 끝을 서로 터치하는 트리거 액션 등으로 사용해도 좋다.

여기까지가 최면의 유도와 안정화에 해당한다. 여기까지 피최면자를 유도했다면, 최면으로 놀라울 정도로 많은 것들을 할 수 있게 된다. 여기서부터가 최면의 가장 재미있는 부분이며 최면의 강력한 힘이 일어나는 세상이기도 하다. 그러므로 부디 포기하지 말고 최면 훈련을 계속하기를 바란다.

04

::

최면이 어떤 힘을 가졌는가?
: 워킹 스테이트Working State

04

::

　현대 최면의 대가 중 한 명인 데이브 엘먼(Dave Elman)은 섬냄뷸리즘 상태를 워킹 스테이트(Working State)라고 했다. 여기에서 말하는 워킹 스테이트란, 최면이 힘을 가지고 작동하는 상태를 말한다. 즉 섬냄뷸리즘 상태가 되면 최면이 작동하면서 피최면자의 내면을 변화시키는 힘을 일으킨다고 본 것이다.
　하지만 정확한 의미에서 워킹 스테이트와 섬냄뷸리즘은 같은 것이 아니다. 섬냄뷸리즘이 기억 소거와 환각 체험을 통해 인지 변화를 일으킬 수 있는 의식의 상태라고 한다면, 워킹 스테이트는 최면 작업의 주제가 작동하는 상태를 말한다.

만약 최면에서 전생이라는 주제로 작업을 할 것이라면 전생을 체험할 수 있는 워킹 스테이트를 만들어야 한다. 최면 작업이 단순히 "당신은 ○○○하게 됩니다."가 아닌 것이 바로 이러한 부분 때문이다. 최면가가 제시하는 어떠한 개념 혹은 체계가 있고 그 체계를 통해서 마음이 변화하게 된다. 그러므로 최면의 자질로는 최면을 유도할 수 있는 능력에 더하여 마음에 대한 통찰에서 오는 워킹 스테이트에 대한 구축도 포함되어 있다.

즉 섬냄뷸리즘을 기반으로 하여 「무엇을 체험시킬 것인가?」에 대한 답이 워킹 스테이트라고 할 수 있다. 만약 식욕 조절을 위한 최면을 한다면 최면가 스스로가 어떻게 하면 식욕을 조절시킬 수 있는가에 대한 모델 구조를 가지고 있어야 한다. 어떤 최면가는 식욕을 조절하지 못하는 것은 감정적인 불안을 이기지 못하기 때문이라고 여기고서는 불안을 다스리도록 최면 작업의 방향을 잡아갈 것이다. 또 어떤 최면가는 잠재의식에서 계속 먹는 것이 이익이라고 여기기 때문이라고 보고 잠재의식에게 계속 먹는 것이 도움이 되지 않음을 알리도록 최면을 사용할 것이다. 어떤 최면가는 과거에 음식과 관련되었던 사건이 흉터처럼 남아 계속해서 영향을 주고 있으므로 그 사건을 치유하기 위해 최면을 사용할 것이다.

말하자면 워킹 스테이트란 스토리이며 이 스토리를 피최면자가 받아들이고 실제로 체험하는 것을 말한다. 최면가가 어떠한 세계관을 구축하고 그것을 적절하게 제시하였는가, 그리고 피최면자가 최면가가 제시하는 세계관을 받아들이는가 혹은 어떻게 받아들이는가에 대한 것이다. 대부분의 최면 강의에서 현재의식, 잠재의식 등을 이야기 하는 것이 바로 현재의식과 잠재의식이라는 워킹 스테이트이며 최면가가 사전 면담 단계에서 이야기 해야 하는 것이기도 하다.

이 책에서는 「최면이란 한 사람의 움직임, 감정, 감각을 통제할 수 있으며 존재하지 않는 무언가를 보이게 하거나 존재하는 무언가를 보이지 않게 할 수 있다.」라는 워킹 스테이트를 가지고 이를 확립하는 과정을 설명하도록 하겠다.

▍워킹 스테이트 #1 : 손 붙이기

손 붙이기의 목적 : 손이 어딘가에 붙어서 떼려고 해도 떨어지지 않는다.

첫 번째 워킹 스테이트는 「손 붙이기」이다. 이는 손바닥을 어딘가에 붙인 상태에서 최면가가 손바닥이 붙는다는 최면 제안을 하고 테스트를 한다. 이 때 피최면자가 손을 떼지 못한다면 성공한 것이다. 이것은 피최면자의 움직임에 해당하는 정신작용을 최면가가 장악하고 있음을 보여준다.

우선 팔을 올려 정수리에 손바닥을 붙인다. 이 상태에서 "잠시 후에 내가 셋을 세면, 이 손이 붙어서 떼려고 해도 떨어지지 않습니다. 떼려고 하면 할수록 떨어지지 않습니다."와 같은 내용의 제안을 2~3회 반복한다. 이 최면 제안이 제대로 작동했다면 피최면자는 손이 굳어버린 채로 팔을 떼려 해도 뗄 수 없는 상태가 된다.

이것을 처음에는 눈 감은 상태에서 행한다. 눈을 감은 상태에서 위의 최면 제안을 하고 "손을 떼려고 해 보세요."라고 한 뒤에 곧바로 "다 내려놓고 편안해집니다."와 같이 최면 상태로 돌아오도록 한다. 다음에는 다시 한 번 동일하게 시도하지만 이번에는 "손을 떼려고 해 보세요."라고 한 뒤에 2~3초 정도를 기다리고 "다 내려놓고 편안해집니다."라고 한다. 마지막으로는 동일하게 손을 떼려고 해 보게 한 뒤에 "힘 줘서 떼려고 해도 떨어지지 않습니다."로 테스트한다.

다음에는 눈을 뜨게 한 뒤에 위의 과정을 동일하게 행한다. 여기에서 눈을 감게 할 때 트리거 워드를 사용해도 좋다. 즉 손을 붙인 뒤에 눈을 뜨게 하고 "손을 떼려고 해 보세요."라는 말을 한 즉시 트리거 워드를 사용하거나 "눈을 감고 편안해집니다."라고 이야기한다. 그 다음에는 눈을 뜨게 하고 손을 떼려고 시도한 뒤에 2~3초 정도 기다리고 트리거 워드를 사용하거나 눈을 감게 한다. 마지막에는 눈을 뜨게 하고 손을 떼려고 시도한 뒤에 "힘을 줘서 떼려고 해도 떨어지지 않습니다."로 테스트한다.

마지막으로는 이 과정을 완전히 최면에서 돌아나오게 한 뒤에 한다. 머리에 손을 붙인 상태에서 "셋을 세면 눈을 뜨고 의식이 돌아옵니다."라고 지시한 뒤에 셋을 세고 눈을 뜨면 곧바로 트리거 워드 등을 이용하여 다시 최면 상태로 되돌린다. 다음에는 의식이 돌아온 뒤에 2~3초 정도 기다리고 최면 상태로 되돌린다. 마지막에는 눈을 뜨고 의식이 돌아온 뒤에 "힘을 줘서 떼려고 해도 떨어지지 않습니다."로 테스트한다.

:: 손 붙이기, 이렇게 한다 ::

최면가 : 손을 머리 위에 올려두세요. 손바닥이 정수리와 만나게 올립니다. 잠시 후에 내가 셋을 세면, 손이 머리에 붙어서 떨어지지 않습니다. 하나, 둘, 셋! 완전히 붙어서 떨어지지 않습니다! 손을 떼려고 하면 할수록 손이 더 단단히 붙습니다! 떼려고 하면 할수록 더 강하게 달라붙습니다! 손을 뗄 수 없게 됩니다! 제대로 손이 붙었는지 확인하기 위해 손을 떼려고 해 보세요. (피최면자가 시도하려는 모습이 보이는 순간) 네 잘했습니다. 다 놓고 편안하게 됩니다. 손이 완전히 붙어서 떨어지지 않습니다. 다시 한 번 제대로 붙어있는지 확인해보겠습니다. 제대로 손이 붙었는지 확인하기 위해 손을 떼려고 해 보세요. 떨어지지 않습니다. (2~3초 후) 네, 잘했습니다. 다 내려놓고 편안하게 됩니다. 한 번만 더 테스트 해 보겠습니다. 이번에는 힘을 줘서 떼려고 해도 떨어지지 않습니다. 힘을 줘서 떼려고 해 보세요. 떨어지지 않습니다. 힘줘서 떼려고 해도 떨어지지 않습니다. 네, 잘 했습니다. 다 내려두고 편안하게 됩니다.

최면가 : 이번에는 손이 붙은 상태에서 내가 셋을 세면 눈을 뜨고, 슬립!이라고 말하면 눈을 감고 지금처럼 다 내려놓은 편안한 상태로 돌아옵니다. 손은 계속 단단하게 붙어있는 상태이고 떼려고 해도 떨어지지 않습니다. 내가 셋을 세면 눈을 뜨고, 슬립!이라고 말하면 눈을 감

고 지금처럼 편안하게 됩니다. 하나, 둘, 셋!

피최면자 : 눈을 뜬다.

최면가 : 손을 떼려고 해 보세요.

피최면자 : (손을 떼려고 시도한다.)

최면가 : (시도를 하면 그 즉시) 슬립! 다 내려놓고 편안하게 됩니다. 손은 계속 머리에 붙어있습니다. 손은 붙어 있는 상태로 매우 편안하게 됩니다. 다시 한 번 해 보겠습니다. 하나, 둘, 셋! 눈 뜨세요.

피최면자 : (눈을 뜬다.)

최면가 : 다시 한 번 손을 떼려고 노력해 보세요. 뗄 수 없습니다.

피최면자 : (손을 떼려고 한다.)

최면가 : (2~3초 가량 기다린 뒤) 슬립! 다 내려놓습니다. 완전히 편안하게 됩니다. 한 번 더 하겠습니다. 하나, 둘, 셋! 눈 뜨세요.

피최면자 : (눈을 뜬다.)

최면가 : 이번에는 힘을 줘서 손을 떼려고 해도 손이 딱 붙어서 떨어지지 않습니다. 손을 떼려고 노력 해 보세요. 힘을 줘서 손을 떼려고 하면 할수록 손이 단단히 붙어서 떨어지지 않습니다. 힘 줘서 손을 떼려고 하면 할수록 손이 더욱 단단하게 붙습니다. 슬립! 눈 감고 편안하게 됩니다. 다 내려놓으면 됩니다.

최면가 : 자, 마지막 단계입니다. 이번 단계에서는 내가 셋을 세면 눈을 뜨고 의식이 돌아나옵니다. 그리고 다시 슬립!이라고 말하면 눈을 감고 지금과 같이 다 내려놓은 편안한 상태로 돌아옵니다. 의식이 돌아와도 손은 그대로 붙어있게 됩니다. 하나, 둘, 셋! 눈 뜨고 의식이 돌아옵니다.

피최면자 : (눈을 뜬다.)

최면가 : 손을 떼려고 해 보세요. 뗄 수 없습니다.

피최면자 : (손을 떼려고 한다.)

최면가 : (피최면자가 손을 떼려는 순간) 슬립! 눈 감고 다 내려놓습니다. 다 내려놓고 편안하게 됩니다. 깊이 편안하게 내려놓습니다. 다시 한 번 해 보겠습니다. 내가 셋을 세면 눈을 뜨고 의식이 돌아옵니다. 내가 슬립!이라고 말하면 눈을 감고 다시 지금처럼 편안한 상태로 돌아옵니다. 손은 떨어지지 않고 계속 붙어 있습니다. 하나, 둘, 셋! 눈 뜨고 의식이 돌아옵니다.

피최면자 : (눈을 뜬다.)

최면가 : 손을 떼려고 해도 손은 떨어지지 않습니다. 한 번 손을 떼려고 시도해 보세요. 손을 뗄 수 없습니다.

피최면자 : (손을 떼려고 한다.)

최면가 : (2~3초 기다린 뒤) 슬립! 다 내려놓고 편안해집니다. 완전히 다 내려놓습니다. 잘했습니다. 이제 마지막으로 내가 셋을 세면 눈을 뜨고 의식이 돌아옵니다. 그리

고 슬립!이라고 말하면 눈을 감고 지금 이 편안한 상태로 되돌아옵니다. 하나, 둘, 셋!

피최면자 : (눈을 뜬다.)

최면가 : 이제는 힘을 줘서 손을 떼려고 해도 손이 떨어지지 않을 것입니다. 한번 힘을 줘서 손을 떼려고 해 보세요. 손이 떨어지지 않습니다. 힘을 줘서 손을 떼려고 해 보세요. 손이 떨어지지 않습니다. 슬립! 다 내려놓고 편안하게 됩니다. 아주 잘했습니다.

〈 최면가가 손을 들어서 머리 위에 올린다 〉

〈 머리에 손을 둔 상태에서 테스트 〉

▎워킹 스테이트 #2 : 웃게 하기

웃게 하기의 목적 : 본인의 의지와는 무관하게 웃음이 터져나온다.

두 번째 워킹 스테이트인 「웃게 하기」는 첫 번째인 손 붙이기를 확보한 상태에서 진행한다. 그러므로 손을 떼게 하지 않고 바로 다음 단계로 나아간다. 이것은 뒤에 다시 설명하겠지만 만약 이 단계가 성공하지 않았다 해도 피최면자가 최면이 실패했다는 느낌을 가지지 않고 앞에 작동했던 손 붙이기가 풀렸다는 것으로 방향성을 잡아가기 위함이다.

이번 단계에서부터는 지금까지 해 왔던 것과 같이 여러 단계를 반복하면서 진행하지 않고 단번에 단계를 진행해 간다. 그러므로 만약 실패한다 해도 거기에서 끝나는 것이 아니라 바로 최면 작업으로 들어갈 수 있는 보험이 필요하다. 그러므로 그 보험을 위해서 이제부터는 전 단계의 최면 지시가 사라진다는 지시와 새로운 현상에 대한 최면 지시, 이렇게 두 가지 최면적 지시를 함께 넣는다. 이렇게 해 두면 만약 해당 단계에서의 최면적 지시가 작동하지 않아도 이전 단계의 최면 지시가 사라진다는 부분으로 인해 최면적 작용이 아직 일어나고 있음을 보일 수 있다.

두 번째 워킹 스테이트인 웃게 하기 단계에서는 "이제부터 셋을 세면 눈을 뜨고 나를 봅니다. 나를 보게 되면, 손이 떨어지면서 웃음이 터져나옵니다."라는 최면적 제안을 한다. 이 때 셋을 센 뒤에 눈을 떠서 손이 떨어져도 웃음이 나오지 않는다면 "손이 떨어졌지요? 혹시나 다시 손이 붙으면 안되니까 미소라도 지어보세요."라고 무마하고 최면 작업에 들어간다.

이 단계에서 중요한 팁은 피최면자가 눈을 뜨고 최면가와 피최면자가 서로 눈이 맞았을 때, 최면가가 먼저 웃으며 "점점 웃겨집니다. 웃음이 터져나옵니다."라고 하는 것이다. 이렇게 최면가가 먼저 웃는 모습을 보여줘야 피최면자가 아무런 생각이 없는 상태에서 반사적으로 최면가의 표정을 따라하면서 웃게 된다. 이렇게 피최면자가 미소를 띄거나 웃음이 터져나오게 된다면 두 번째 워킹 스테이트가 성공한 것이며 다음 단계로 넘어가게 된다. 만약 성공하지 않는다면 앞에서 설명한 방식으로 마무리하고 최면 치유 혹은 코칭으로 들어간다.

:: 웃게 하기, 이렇게 한다 ::

최면가 : 잠시 후에 내가 셋을 세면, 눈을 뜨고 나를 봅니다. 나를 보게 되면 손이 떨어지면서 웃음이 터져 나옵니다. 셋을 세면 눈을 뜨고 나를 봅니다. 나를 보면 지금 붙어있는 손이 떨어지면서 이유를 알 수 없지만 웃음이 터져나옵니다. 하나, 둘, 셋! 눈을 뜨세요.
피최면자 : (최면가를 바라본다.)
최면가 : (피최면자의 붙어있는 손을 떼어주면서 웃는다) 이 손은 이제 떨어집니다. 손이 떨어졌으니 점점 웃음이 나옵니다. 이유를 알 수 없지만 웃음이 터져나옵니다.
피최면자 : (미소를 짓거나 웃는다.)
최면가 : 네, 잘했습니다. 계속 웃습니다. 웃음을 참을 수가 없습니다. 계속해서 웃습니다.

〈 웃게 하기 〉

워킹 스테이트 #3 : 최면 마취

최면 마취의 목적 : 신체의 일부가 마비되어 뾰족한 것으로 찔러도 아픔을 느끼지 못한다.

계속 피최면자가 웃는 상태에서 이어서 진행한다. 이 단계에서는 피최면자의 손을 마취시킨 상태에서 이쑤시개로 가볍게 찌르거나 가볍게 피최면자의 손을 꼬집는다. 이 상태에서 아픔을 느끼지 못한다면 마취가 성공한 것이니 다음 단계로 나아가고 아픔을 느껴서 눈살을 찌푸리거나 소리를 낸다면 마취가 아니라 웃음을 멈추게 되었음에 초점을 맞춘 뒤에 최면 작업으로 이행한다.

이 단계에서의 최면 문구는 "잠시 후에 셋을 세면, 웃음이 멈추고 손등이 마취됩니다. 마치 손등이 마비된 것처럼 마취되고 아무런 감각을 느낄 수 없게 됩니다."이다. 이 뒤에 셋을 세고 한 번 더 "완전히 마비되어서 무언가 누르는 느낌 정도만 느낄 수 있습니다."라고 말하고 이쑤시개로 가볍게 찌르거나 가볍게 꼬집어준다. 이 때, 아무런 느낌을 느끼지 못한다면 성공한 것이다.

만약 찔렀을 때 아픈 표정을 짓는다거나 소리를 낸다거나 하면 다시 앞의 최면 지시가 사라진 것으로 초점을 돌린다. 이럴 때에는 제대로 웃음이 사라졌는지를 확인하기 위해 손등을 찔렀다고 하면서 이제 웃음기가 사라졌음을 알려준다. 이 뒤에 최면 작업으로 들어가면 된다.

:: 최면 마취, 이렇게 한다 ::

최면가 : 잠시 후에 내가 셋을 세면 웃음이 멈추고 손등이 완전히 마취됩니다. 마치 얼음으로 문질러서 마비된 것처럼 아무런 느낌도 느낄 수 없게 됩니다. 셋을 세면 웃음이 멈추고 손등이 완전히 마취됩니다. 하나, 둘, 셋! 웃음이 멈추고 손등이 완전히 마취되었습니다. 완전히 마비되어서 누르는 느낌 정도만 느낄 수 있습니다.
피최면자 : (웃음이 멈춘다.)
최면가 : (피최면자의 웃음이 멈추는 것을 확인하고 이쑤시개로 손등을 가볍게 찔러본다.)

이렇게 보험을 들어두는 것은 피최면자에게 어느 쪽에 중심을 둘 것인지를 결정하는 것이다. 만약 웃게 하기 단계에서 웃지 않았다면, 손을 떨어뜨리기 위해 웃는다는 최면 지시를 한 것으로 맥락을 잡아간다. 최면 마취에서는 웃는 것을 멈추게 하기 위해 손등 마취를 시켰다고 전후 인과를 만드는 것이다. 즉 테스트라고 생각했던 것이 실제로는 앞의 최면 지시를 없애기 위한 지시라고 생각하게 만드는 것이다. 그러므로 최면적 지시가 실패했어도 실패한 것은 최면적 현상이 일어나는 상태에서 벗어나는 것이지 최면 상태 자체에서 벗어나는 것이 아님을 보여주면 된다. 단지 이렇게 실패하게 되면 워킹 스테이트와 관련되어있으므로 적절하게 다른 워킹 스테이트로 옮겨갈 필요가 있게 된다.

〈최면 마취 테스트〉

워킹 스테이트 #4 : 플러스 환각

플러스 환각의 목적 : 현실에 존재하지 않는 것을 존재하는 것처럼 인식한다.

최면 마취까지 마쳤다면 최면 현상의 마지막 관문인 환각이 남아 있다. 환각이란 플러스 환각과 마이너스 환각으로 나누어 볼 수 있다. 플러스 환각이란 존재하지 않는 것을 존재하는 것처럼 느끼게 만드는 것이며 마이너스 환각이란 존재하고 있는 것을 존재하지 않는 것처럼 느끼게 만드는 것이다.

여기에서 주의해야 하는 것은 "느끼게" 만든다는 부분이다. 대부분의 경우 최면적으로 일어나는 환각이란 눈에 보이는 수준으로 나타날 것이라고 생각하는 경우가 많지만 실제로는 눈에 보일 정도로 명료하게 무언가 보이거나 보이지 않거나 하는 경우는 많지 않다.

하지만 그렇다고 해서 환각이 일어나지 않는 것도 아니다. 이는 마치 길을 가다가 친구와 비슷한 키와 체격인 사람을 보고 친구를 떠올리게 되는 것과 비슷하다. 혹은 샤워를 하는 중에 샤워실 밖에서 핸드폰 벨이 울리는 것과 같은 느낌이 드는 것과 비슷하다. 이렇게 무언가 있는 것 같은 느낌이 최면적 환각이다.

이 책에서는 좋아하는 동물을 그려내는 것으로 플러스 환각을 만들어내는 방법을 설명하겠다. 이 방법 역시 단계적으로 나아간다. 우선 피최면자에게 좋아하는 동물이 무엇인지 물어본다. 피최면자가 동물을 대답하면 그 동물을 떠올려보라고 한다. 만약 떠올리지 못한다면 간단한 상상과 이미지를 떠올리는 훈련을 시킨 뒤에 다시 동물을 떠올리도록 한다. 동물을 떠올렸으면 동물의 색이 어떠한 색인지 묻는다. 색에 대한 대답을 했다면 눈을 뜬 상태에서 그 동물을 떠올려 보라고 한다. 그 뒤에 현재 있는 공간에 그 동물이 있다면 어디에 있을지를 떠올려보도록 한다. 마지막으로는 완전히 최면에서 돌아나온 뒤에 눈을 뜬 상태에서 테스트 한 것과 마찬가지로 동물을 떠올리도록 한다.

정리하자면, 눈을 감은 상태에서는 좋아하는 동물과 그 색을 떠올린다. 다음으로 눈을 뜬 상태에서 눈을 감은 상태와 같은 동물을 떠올리고 그 동물을 외부 공간에 떠올리도록 한다. 마지막으로 최면에서 의식이 돌아온 상태에서 동일하게 동물을 떠올리고 외부 공간에 그려내도록 하는 것이다. 이렇게 하면 존재하지 않는 머릿속 동물을 실제 외부 공간에 투영해 낼 수 있게 되며 더 나아가서는 동물과 상호작용한다거나 동물을 쓰다듬으면서 촉감을 느낀다거나 하는 식의 다양한 감각으로 진행할 수 있다.

만약 눈을 감은 상태에서 동물을 떠올리지 못한다면 이미지를 그려내는 힘의 문제이다. 그러므로 간단하게 이미지와 상상을 훈련시키면서 이미지를 그려내는 힘을 만들어 줘야 한다. 많은 경우는 복합적인 이미지를 상상시킨다. 복합 이미지란 복잡한 이미지를 말하는 것이 아니라 복합적인 감각이 하나에 압축된 이미지를 의미한다.

만약 태양을 떠올린다고 해 보자. 태양의 밝음만 떠올린다면 복합 이미지가 아닌 단순 이미지이다. 하지만, 태양을 떠올리면서 그 따스함과 햇빛으로 건조해진 냄새가 난다면 태양이라는 하나의 이미지에서 시각과 촉각, 후각의 복합적인 감각이 발생한 것이므로 복합 이미지가 된다. 이렇게 몇 가지의 이미지를 떠올리도록 훈련시킨 뒤에 앞에서 말한 동물을 떠올리도록 하면 쉽게 떠올리게 된다. 대체적으로 이러한 훈련을 위한 이미지로는 사과, 태양, 해변, 자동차 등을 이용하거나 현장에서 바로 사용할 수 있는 도구를 사용하는 경우가 많다.

:: 플러스 환각, 이렇게 한다 ::

최면가 : 이제 외부 공간에 어떠한 이미지를 그려내도록 하겠습니다. 어떤 동물을 좋아하나요?

피최면자 : 토끼를 좋아해요.

최면가 : 토끼를 한 마리 떠올려 보세요. 떠올릴 수 있나요?

피최면자 : 네.

최면가 : 그 토끼는 어떤 색인가요?

피최면자 : 흰토끼에요.

최면가 : 네, 잘했습니다. 이제 내가 셋을 세면 눈을 뜹니다. 하나, 둘, 셋!

피최면자 : (눈을 뜬다.)

최면가 : 아까 떠올렸던 토끼를 떠올려보세요.

피최면자 : 네, 떠올렸어요.

최면가 : 그러면 그 토끼가 저기(손가락으로 주변 공간을 가리킨다)에 있다고 상상해보세요. 그러면 어떤 자세로 있을까요?

피최면자 : 그냥 앉아있어요.

최면가 : 네, 잘했습니다. 눈을 감고 편안하게 놓아둡니다.

피최면자 : (눈을 감는다.)

최면가 : 이제는 내가 셋을 세면 눈을 뜨고 의식이 돌아옵니다. 그리고 슬립이라고 말하면 눈을 감고 다시 이 깊고 편안한 상태로 되돌아옵니다. 하나, 둘, 셋! 눈을 뜨고 의식이 돌아옵니다.

피최면자 : (눈을 뜬다.)

최면가 : 다시 아까 그 장소에 토끼를 떠올려보세요. 떠올릴 수 있나요?

피최면자 : 네, 토끼가 있어요.

〈 상상의 토끼를 외부에 떠올림 〉

워킹 스테이트 #5 : 마이너스 환각

마이너스 환각의 목적 : 현실에 존재하는 것을 마치 존재하지 않는 것 처럼 인식한다.

동물을 떠올리는 플러스 환각이 가능하게 되었다면 무언가를 인식하지 못하게 하는 마이너스 환각도 할 수 있는 경우가 많다. 단지 마이너스 환각의 경우 여러 가지 요소에 따라 잘 되지 않는 경우도 많으므로 마이너스 환각이 된다면 그 날의 최면 작업은 매우 잘 될 것이라는 정도의 생각으로 접근하는 것이 좋다.

마이너스 최면도 플러스 최면과 마찬가지로 눈 앞에 있는 것이 보이지 않거나 만져지지 않게 되는 것이 아니다. 오히려 무언가를 눈 앞에 두고서도 찾지 못하는 것과 비슷한 느낌이다. 마치 눈에 필터가 씌워진 것처럼 보이지만 뇌에서 그것을 인식하지 못하는 것이다. 그러므로 실제로 당사자는 사라져서 놀라기 보다는 어리둥절한 상태로 있게 되는 경우가 많다.

마이너스 최면을 할 때에는 우선 우리가 마이너스 최면에서 체험하는 것에 대한 느낌을 환기시켜 줄 필요가 있다. 마치 바로 옆에 있는 리모컨을 찾지 못한다거나, 급할 때 열쇠가 보이지 않는다거나, 가방 속에 넣어두었던 물건이 보이지 않는다거나 하는 식의 예시를 들어주는 것이다. 대부분의 경우 위의 체험은 한두번 쯤은 있으므로 쉽게 어떤 느낌인지 이해할 수 있다. 이렇게 미리 체험을 시켜두는 것으로 마이너스 환각 체험이 성공할 가능성이 높아진다.

마이너스 환각을 위해서는 책상 혹은 작은 테이블을 준비하고 그

위에 미리 준비해 둔 물건을 하나 올려둔다. 여기에서는 펜을 예로 들겠다. 이렇게 준비를 마친 뒤에 "내가 셋을 세면 눈을 뜨는데, 테이블 위에는 아무것도 없이 깨끗합니다. 그리고 슬립이라고 말하면 눈을 감고 지금처럼 이 편안한 상태로 돌아옵니다."라는 최면적 제안을 해 둔다.

최면석 제안을 충분히 해 둔 뒤에 셋을 세고 눈을 뜨게 한다. 피최면자가 눈을 뜨게 되면 최면가는 "펜을 주세요."라고 요청한다. 이 때, 처음에는 펜을 달라고 한 직후 바로 트리거 워드를 이용하여 눈을 감고 편안한 상태에 들어가도록 한다. 이후에 다시 한 번 눈을 뜨게 하고 펜을 달라고 한 상태에서 1초 정도 기다린 뒤에 트리거 워드를 사용하여 눈을 감게 한다. 마지막으로는 눈을 뜨게 하고 펜을 달라고 한 상태에서 한 두마디 이야기를 나눈 뒤에 트리거 워드로 눈을 감게 한다. 여기까지 마쳤다면 제대로 마이너스 환각을 성공한 것이다.

:: 마이너스 환각, 이렇게 한다 ::

최면가 : 우리는 살다 보면 바로 눈 앞에 두고도 물건을 찾지 못하는 경우가 종종 있습니다. 찾고 있던 책이 바로 눈 앞에 있는 책장에 꽂혀 있다거나, 리모컨을 찾는데 바로 옆에 있었다거나 하는 일이 있지요. 아니면 지금 당장 나가야 하는데 꼭 그럴 때마다 열쇠는 보이지 않는 경우도 있습니다. 이렇게 무언가를 찾는데 그것이 바로 앞에 있어도 보이지 않는 경험을 한 적이 있나요?

피최면자 : 네

최면가 : 어떤 경험이었나요?

피최면자 : 가방에서 안경을 찾으려고 했는데 안경이 보이지 않아서 가방을 다 뒤집었던 적이 있어요. 그래도 보이지 않아서 하나하나 찾아서 겨우 찾았어요.

최면가 : 네, 그런 경험이 있었군요. 이제 내가 셋을 세면 눈을 뜰 것입니다. 눈을 뜨면 보이는 테이블 위에는 아무것도 없이 깨끗합니다. 그리고 내가 슬립이라고 말하면 지금과 같이 눈을 감고 편안한 상태로 돌아옵니다. 하나, 둘, 셋!

피최면자 : (눈을 뜬다.)

최면가 : 나한테 펜을 주시겠어요? (피최면자가 주변을 보려고 하는 순간) 슬립! 눈을 감고 다 내려놓고 편안해집니다. 다 내려놓습니다. 충분히 편안하게 놓아둡니다. 다시 한 번, 내가 셋을 세면 눈을 뜹니다. 테이블 위에는 아무것도 없습니다. 그리고 내가 슬립이라고 말하면 지금처럼 눈을 감고 매우 편안한 곳으로 되돌아옵니다. 하나, 둘, 셋!

피최면자 : (눈을 뜬다.)

최면가 : 펜을 주시겠어요? (1초 뒤에) 슬립! 눈을 감고 편안해집니다. 다 내려놓고 편안하게 됩니다. 다 내려놓아도 됩니다. 네, 그렇죠. 다시 한 번 내가 셋을 세면 눈을 뜹니다. 눈을 뜨면 테이블 위에는 아무것도 없습니다. 그

리고 슬립이라고 말하면 눈을 감고 다 내려놓습니다. 하나, 둘, 셋!

피최면자 : (눈을 뜬다.)

최면가 : 펜을 주시겠어요?

피최면자 : (어리둥절/당황스러워한다.)

최면가 : 왜요? 뭔가 문제라도 있나요?

피최면자 : (계속 당황스러워한다.)

최면가 : 슬립! 네, 잘했습니다 .다 내려놓고 편안해지세요. 다 내려놓아도 괜찮습니다.

〈 테이블 위의 펜이 보이지 않음 〉

여기까지 마쳤다면 완전하게 최면 상태가 확립되었고 최면적 현상을 일으킬 수 있는 준비가 끝났다고 볼 수 있다. 지금까지의 과정을 성공적으로 마쳤다면 드디어 정신이 무언가 새로운 것을 받아들이고 해 볼 수 있는 가용 자원이 늘어난 상태가 된다. 대부분의 최면 작업이 어렵거나 실패하는 이유는 이렇게 가용 자원을 확보하지 않은 상태에서 작업을 하기 때문이다.

이제부터는 최면 치유나 최면 코칭 작업을 하거나 엔터테인먼트 최면이라면 최면 현상을 이용한 공연을 할 수도 있다. 혹은 이 상태 자체를 이용하여 뇌의 가용자원을 늘리는 훈련을 할 수도 있고, 환상적인 세계를 체험시켜주고 전설에나 나오는 존재들을 만나게 해 줄 수도 있다. 이렇게 최면이란 다양한 스펙트럼으로 사용할 수 있으며, 유도가 가능한 순간부터 매우 광활한 가능성의 세계가 펼쳐지게 된다. 그러므로 꼭! 최면 유도를 실제로 해 보고 경험해보기를 바란다. 인생이 바뀌는 경험이 될 것이다.

05

::

최면에서 돌아나오기 : 클로징Closing

05 |

::

    원래 순서대로 설명하자면 워킹 스테이트의 확보 뒤에는 최면 치유 혹은 최면 코칭에 대한 설명을 해야 할 것이다. 하지만 이 부분 역시도 많은 분량을 할애해야 하기 때문에 우선 최면을 마무리짓는 클로징을 설명하도록 하겠다.

    클로징 단계에서는 네 가지를 할 수 있으면 된다. 첫 번째는 혹시 남아있을지 모르는 컨빈서와 워킹 스테이트에서 작업한 최면 지시들을 소거하는 것이다. 두 번째로는 최면이 끝난 뒤에 더 나아지고 긍정적인 삶이 될 것이라는 긍정 암시이다. 세 번째는 상쾌하고 기분 좋게 눈을 뜨고 의식을 돌아나온다는 최면 지시이다. 마지막으로는 눈을 뜨고 의식이 각성한 뒤에도 남아 있는 최면적 영향력을 이용한 긍정 암시이다. 이 네 가지를 순서대로 행한다면 안전하게 최면을 마무리 지을 수 있다.

컨빈서 소거

컨빈서 소거의 목적 : 최면 작업에서 일어난 최면적 현상들을 삭제한다.

　컨빈서 소거의 최면적 제안은 "오늘 함께 했던 최면 작업 중에서 본인을 긍정적으로 변화시키는 것 이외의 모든 최면적 지시는 사라집니다." 혹은 "○○(최면의 주제)와 관련되지 않은 모든 최면적 지시와 최면적 제안은 모두 사라집니다."이다. 혹여나 최면 작업을 통해서 생겨났던 체험이나 최면 지시가 사라질까 두렵다면 "이제 머릿속에 숫자가 다 돌아옵니다. 온 몸의 감각도 되돌아옵니다."와 같이 컨빈서 하나하나를 삭제해도 좋다.

긍정 암시

긍정 암시의 목적 : 피최면자에게 긍정적인 미래를 그려내도록 함.

긍정 암시란 가장 마지막 순간에 긍정적인 최면적 제안을 해 주는 것이다. "눈을 뜨고 세션룸을 나가면 당신이 원하는 삶이 펼쳐질 것입니다."라거나 "오늘부터 당신은 시간이 지나면 지날수록 당신이 원하는 것을 이루게 될 것입니다." 혹은 피최면자가 원했던 것이 이루어진다는 등의 긍정적이고 발전적인 최면적 제안을 해 주도록 한다.

▌상쾌한 기분과 함께 각성

각성의 목적 : 의식을 되돌려 최면에서 돌아옴.

최면가의 지시에 따라 최면에서 의식이 각성하는 단계이다. 이 단계를 이머징(Emerging) 혹은 엑스덕션(Exduction)이라고 한다. 이 단계에서 가장 중요한 것은 눈을 뜨고 의식이 돌아나오면서 상쾌하고 기분 좋게 의식이 각성해야 한다는 것이다. 이러한 지시 없이 각성시키게 되면 의식의 급격한 전환으로 인해 두통이 생기거나 정신이 멍하거나 하는 불쾌한 체험을 하게 된다.

각성의 방법은 여러 가지가 있으나, 여기에서는 각 숫자에 맞춰 의식이 돌아오는 지시형 엑스덕션을 사용하도록 하자. 그 제안은 이렇다. "지금부터 하나부터 다섯까지 숫자를 셀 텐데, 다섯을 세면 아주 상쾌하고 맑은 정신으로 깨어나며 몸도 아주 개운하고 멋진 기분이 됩니다. 하나, 온 몸에 힘이 되돌아옵니다. 둘, 사방에서 에너지가 몸 속으로 들어오며 몸에 기운이 가득 차게 됩니다. 셋, 깊게 숨을 쉬세요. 숨을 쉬면서 몸 속에 맑은 공기가 들어와 온 몸을 상쾌하게 해 줍니다. 넷, 정신이 아주 맑고 시원하게 됩니다. 다섯! 눈 뜨세요! 온몸이 아주 상쾌하고 기운이 넘칩니다!" 이 때 중요한 것은 숫자를 세면서 점점 최면가도 힘이 넘치는 목소리로 지시를 해야 한다는 것이다. 만약 단조롭고 부드럽게 각성 지시를 하게 되면 피최면자가 제대로 의식을 깨우지 못하는 경우도 있으니 각성 시에는 꼭 힘을 넣어서 강한 에너지를 느낄 수 있도록 각성 지시를 하도록 하자.

최면 후 암시

최면 후 암시의 목적 : 최면이 끝난 상태에서 긍정적인 최면 제안을 입력함.

각성을 마치고 눈을 뜬 상태가 되면 대부분이 아직도 멍한 상태가 된다. 이 때는 아직 최면 상태가 완전히 사라지지 않은 상태이므로 이 때에 긍정적인 이야기를 많이 해 주면 해 줄수록 좋다. 대체적으로 이 상태는 5분~15분 가량 지속된다.

가장 우선적으로 "기분 좋지요?"라거나 "상쾌하지요?"와 같이 긍정적인 기분을 환기시키는 질문을 한다. 그러면 바로 앞의 최면 각성에서의 지시의 영향으로 인하여 긍정적인 대답을 하게 되는데 이것이 최면이 마친 뒤에 기분이 좋았다는 기억을 남기게 된다. 이 다음에는 "이제부터는 ○○하게 될 것입니다."라고 이야기 하거나 "이제는 ○○ 할 수 있겠지요?"라고 물어서 긍정적인 결과물을 남기도록 한다.

이렇게 최면 각성을 마치게 되면 멋진 한 번의 최면 세션을 마친 것이 된다. 그렇다면 언제부터 스스로를 본격적인 최면가라고 자칭할 수 있을까?

일단 최면가를 「최면 유도를 큰 문제없이 할 수 있는 사람」이라고 정의한다면, 세 사람을 처음부터 끝까지 최면을 해 본다면 최면가라고 할 수 있을 것이다. 세 사람 정도 이 방식을 통해 최면 유도를 해 본다면 전체 과정에서 어떠한 부분이 중요하며 어떠한 반응을 보이고, 어떠한 식으로 과정이 진행되는가에 대한 감각을 잡을 수 있다. 그러므로 현 시점에서 가장 급선무는 지금 당장 최면 유도를 시험해 볼 수 있는 사람들에게 최대한 많이 연락하여 세 사람 이상의 피최면자를 확보하는 것이다. 그렇게 할 수 있다면 당신도 훌륭한 한 사람의 최면가라고 할 수 있다!

06

::

더 나아갈 길

06 |

::

　최면적 기초를 닦았다면 앞으로는 무엇을 해야 할까? 이번 장에서는 어느 정도 최면 유도와 최면 작업에 익숙해진 뒤에 더해 볼 수 있는 기법들을 소개하고자 한다. 이 내용들은 지금 당장 최면을 쓰는 것과는 관계가 없지만 최면 유도를 빨리 진행하고 싶다거나 다양한 형태로 최면을 사용해 보고 싶은 경우에 도움이 되는 내용들이다.
　지금까지의 내용을 여러 번 실습하게 되면 자기도 모르게 알게 되는 것들이 있다. 지금 이 피최면자는 충분히 최면 유도가 되었으므로 다음 단계는 불필요하다거나 지금 하고 있는 부분을 더 해야 한다거나 하는 생각이 직관적으로 떠오르게 된다. 이는 최면을 여러 번 해보면서 생기는 경험적인 부분으로, 이러한 경험을 통해서 최면 유도의 시간을 단축시킬 수 있다. 이제부터 설명할 내용들은 어떻게 하면 단축시킬 수 있는지에 대한 예시가 될 수 있을 것이다.

▍순간 인덕션

　순간 인덕션이란 최면 유도 과정에서 순간적으로 최면 상태에 들어가도록 하는 유도 기법이다. 보통은 길거리 최면이나 무대 최면 등에서 많은 사람들에게 보여주기 용도로 사용하는 경우가 많으며 여러번 최면을 유도한 상황에서 빠르게 유도 단계를 건너뛰기 위해 사용하기도 한다.

　일반적인 인덕션이 점진적이고 단계적으로 나아간다면, 순간 인덕션은 빠른 시간에 최면 상태를 확립한다는 장점이 있다. 하지만 급격하게 최면 상태로 유도하기 때문에 피최면자가 놀라거나 준비 되지 않은 상태에서 사용할 경우 오히려 최면 유도를 방해하기도 한다. 그러므로 피최면자의 반응을 보면서 적절한 시기에 사용해야만 최적의 효과를 낼 수 있다.

　순간 인덕션을 사용하는 시점은 풍선/버킷 테스트를 한 상태에서 결정된다. 풍선/버킷 테스트를 하면 사람에 따라 빠르고 넓게 벌어지는 사람이 있는가 하면 벌어지기는 하지만 그 반응이 느리고 조금 벌어지는 사람이 있다. 전자의 경우가 순간 인덕션이 가능한 사람이다. 그러므로 여러 번 풍선/버킷 테스트를 해 보면서 평균적인 속도에 대한 감각을 익힌 뒤에 그 평균 속도보다 눈에 띄게 빠르다고 생각이 되면 순간 인덕션을 시도해 볼 수 있다.

순간 인덕션은 「버터플라이(Butterfly)」라고 하는 방식을 사용한다. 버터플라이란 순간적으로 양 팔을 교차시키면서 양 손을 무릎 위에 올려놓는 것이다. 이 때, 양 손의 높이 차이 등으로 인해 필연적으로 가볍게 피최면자를 당기게 되고 피최면자는 앞으로 풀썩 쓰러진다. 이 때, 피최면자가 몸에 힘을 주고 버틴다면 아직 순간 인덕션을 할 수 있을 정도로 유도가 진행된 것이 아니므로 다음 단계인 눈꺼풀 붙이기로 진행하고, 몸에 힘이 빠진 상태로 쓰러진다면 눈꺼풀 붙이기를 생략하고 디프너로 들어간다.

이 때 미리 트리거 워드를 만들어두고 버터플라이를 하면서 함께 트리거 워드를 작동시켜 주면 더 놓다. 즉, 손을 교차시키면서 "슬립!"이라고 말하게 되면 피최면자는 그 행동이 무언가 최면적으로 의미가 있다고 여기게 되고, 미리 정해 둔 트리거 워드의 내용대로 따라가게 된다.

순간 최면의 경우 피최면자가 빠르게 최면적인 분위기와 인식으로 들어간다. 주로 영화나 소설, 드라마 등에서 보는 최면을 거는 모습이란 단계적으로 최면을 거는 것과 트리거 워드를 이용하여 순식간에 최면을 거는 모습이기 때문이다. 특히 후자의 경우 강력한 최면적인 능력을 가지고 있는 사람이나 실력이 출중한 사람이 사용하는 것처럼 표현되는 경우가 많으므로 순간 최면을 하게 된다면 피최면자가 머릿속에 가지고 있는 최면이라는 이미지와 부합하여 더 쉽게 최면이 유도된다.

:: 순간 최면, 이렇게 한다 ::

최면가 : (풍선/버킷 테스트를 마치고) 지금은 아니고, 잠시 후에 내가 슬립!이라고 말하면 완전히 다 내려놓고 편안하게 됩니다. 잠시 후에 슬립이라고 말하면, 모든 것을 다 놓아두고 그저 편안하게 되면 됩니다. (양손으로 벌어진 두 손을 가볍게 잡는다.) 슬립! (양 팔을 교차시키면서 무릎 위에 올려놓는다.) 다 내려놓고 편안하게 됩니다. 다 놓아두고 내려놓습니다. 네, 그렇게 다 내려놓습니다.

압박법

압박법이란 신체의 특정 부분을 압박하는 것으로 최면을 유도하는 법이다. 일반적인 최면 유도가 언어를 이용하여 최면적 상태를 유도하는 것이라면, 압박법은 거기에 더하여 신체적인 유도를 더하는 것으로 더욱 최면 유도의 속도를 빨리 하는 것이다.

신체적인 압박을 이용하여 최면 유도를 하는 것은 마치 컴퓨터에서 하드웨어적인 기능을 멈추게 하는 것으로 소프트웨어를 기동 정지 시키는 것으로 비유해 볼 수 있다. 언어로 유도하는 최면이 소프트웨어 수준에서 작동하고 있는 소프트웨어를 끄는 것이라면, 압박법을 이용한 최면 유도는 컴퓨터를 끈 뒤에 켜는 것으로 작동하고 있는 소프트웨어를 끄는 것이라고 보면 된다. 컴퓨터를 강제로 리셋했을 때, 소프트웨어 상에서 문제가 생기는 소프트웨어나 리소스를 점유하고 있는 소프트웨어가 꺼지는 것과 같다.

압박법은 신체의 몇몇 부위 중 선택적으로 하나 혹은 두 부위를 누르는 것이다. 여기에서는 안구, 천측두 동맥, 후두 동맥, 경동맥, 쇄골하 동맥, 흉부 압박의 여섯 부분을 설명하도록 하겠다. 단지, 동맥을 압박하는 것이기 때문에 이 내용은 지식적으로 알아두는 것이 좋으며 특히 의료인이 아닐 경우 이 기법을 사용하는 것은 지양하기를 바란다.

안구 동맥 압박법은 눈을 감은 상태에서 눈꺼풀 위에서 가볍게 눈을 누르는 것이다. 그 위치는 눈 위쪽과 안와상골(눈 위쪽 뼈) 사이의 틈을 누르는 것이다. 혹은 눈 위쪽을 가볍게 누르는 것이다. 너무 세게 누를 경우 불쾌감을 느끼거나 아프게 느낄 수 있기 때문에 적절한 힘으로 누르는 것이 중요하다.

천측두 동맥 압박법은 관자놀이 주변을 압박하는 것이다. 정확하게는 관자놀이보다는 조금 더 귀로 들어간 곳을 눌러야 한다. 손 끝으로 두근거리는 동맥의 느낌을 느낄 수 있다면 그 곳이 천측두 동맥이 지나는 부분이다. 이 곳을 누르면 압박을 할 수 있다. 누르는 정도는 손 끝에서 느껴지는 두근거림이 느껴지지 않을 정도로 누르면 된다.

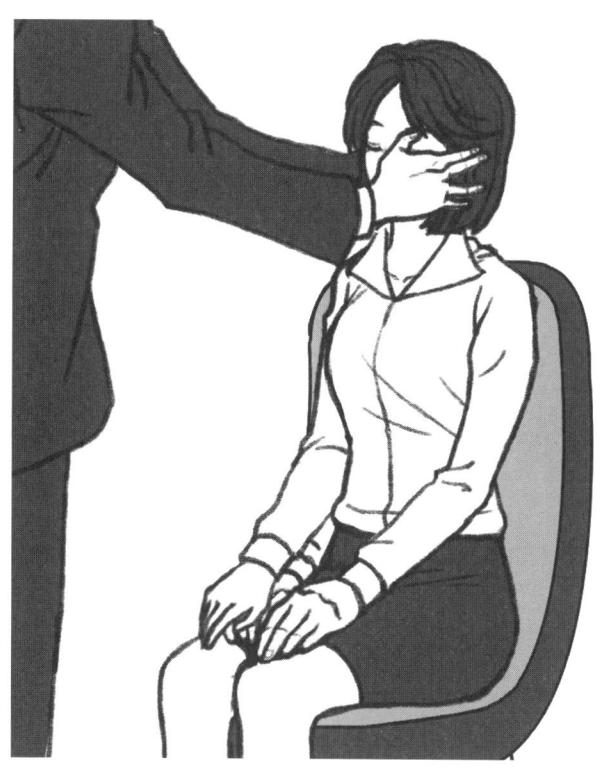

〈 천측두 동맥압박법 〉

후두부의 압박 지점은 귀 뒤쪽의 움푹 들어간 지점에서 아래로 내려가 턱을 조금 지나간 곳에 있다. 뒷목 목줄기를 따라 올라간다는 느낌으로 가볍게 누르면서 만져보면 위치를 찾을 수 있을 것이다. 후두부의 압박은 후두동맥(後頭動脈)을 압박하는 것이다. 그러므로 손가락 끝에 두근거리는 느낌이 있다면 제대로 위치를 잡은 것이다. 이곳도 마찬가지로 두근거리는 느낌이 느껴지지 않을 정도로 누른다.

〈 후두부 동맥압박법 〉

경동맥 압박법은 앞쪽에서 목의 동맥을 가볍게 누른다. 사람이 기절했을 때 살아있는지 확인하기 위해 목에 손을 대는 곳이 바로 경동맥이다. 이곳은 앞에서 양 손의 엄지손가락으로 눌러서 압박한다. 단지, 다른 압박법과는 달리 잘못 누르면 기도를 압박시켜서 기침이 나오게 하거나 숨이 막히게 할 수 있으므로 주의가 필요하다. 또한, 누르는 힘도 다른 압박법과 같이 두근거림이 느껴지지 않는 정도가 아니라 두근거림을 억제한다는 느낌으로 눌러야 한다.

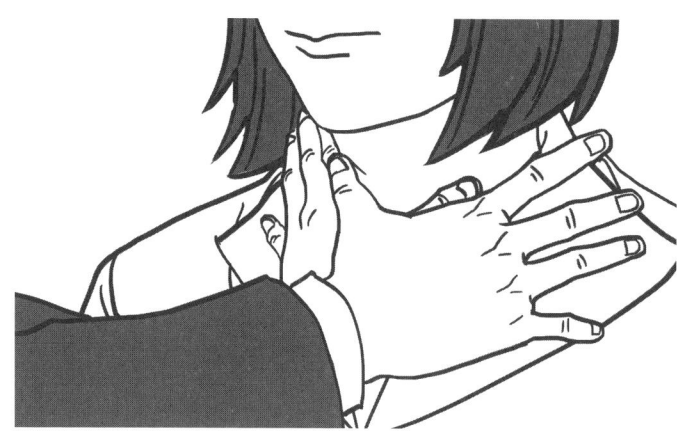

〈 경동맥 동맥압박법 〉

쇄골하 동맥 압박법은 쇄골 아래쪽을 흐르는 동맥을 압박하는 것이다. 쇄골하 동맥은 어깨 쪽에서는 어깨뼈 위로 지나간다. 그렇기 때문에 어깨를 누르게 되면 이 동맥이 자연스럽게 눌리게 된다. 쇄골하 동맥을 누를 때에는 피최면자의 뒤쪽에서 피최면자를 앉히고 최면가는 선 채로 어깨를 강하게 누르면 된다. 더 정확한 위치로는 어깨와 목 사이의 위치로, 보통 어깨가 무겁거나 결릴 때 마사지를 받는 곳이다. 이곳을 체중으로 누르면 된다.

흉부 압박은 학생들이 많이 하는 「기절 놀이」를 생각하면 쉽다. 피최면자가 등을 벽에 붙인 상태에서 윗가슴을 누르는 것이다. 이것도 가능하면 피최면자를 앉은 상태에서 위에서 아래로 누르는 듯 압박한다. 이 때, 피최면자가 기침을 하면 너무 강하게 누른 것이므로 조금 호흡이 힘들다고 느낄 정도로 압박하면 된다.

이렇게 압박하는 것으로 뇌로 향하는 혈류 혹은 산소를 줄이는 것이다. 하지만 이 방법 자체가 다소 위험한 부분도 있으므로 압박법을 사용하고자 한다면 혈압이나 신경계 등에 문제가 없는지를 확인한 뒤에 충분히 안전을 확보한 상태에서 해야만 할 것이다.

압박의 강도는 생각보다 강하게 누른다. 그러므로 피최면자에 따라서는 아프다고 느끼는 경우도 있으며 불편함을 느끼는 경우도 있다. 또한 후두 동맥의 경우는 동맥이 깊이 있거나 운동 등을 통해 목 근육이 발달한 경우는 만져지지 않을 가능성도 있다. 이렇게 여러 가지 제약이 있지만 제대로 사용한다면 매우 빠른 시간 내에 최면 유도를 할 수 있게 된다.

압박법은 압박만으로 최면을 유도하는 것이 아니다. 압박법은 최면 유도법이 끝난 뒤에 점진적 이완법을 할 때 병용하면 효과가 좋다. 그러므로 유도법까지 마치고 피최면자가 압박법을 해 보기에 문제가 없다는 판단이 들었다면 압박법과 함께 점진적 이완법을 행하도록 한다.

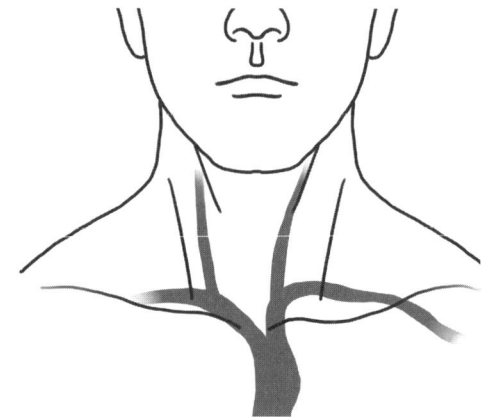

〈 경동맥의 위치 〉

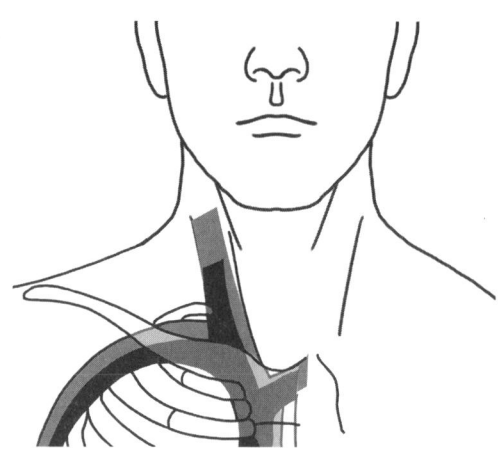

〈 쇄골동맥의 위치 〉

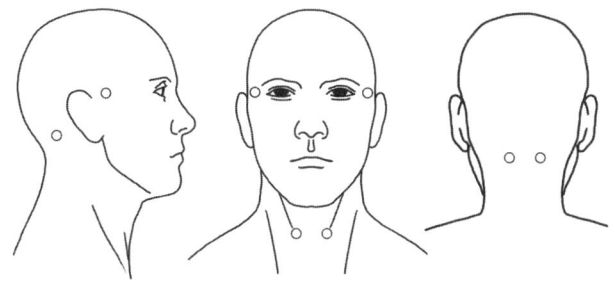

〈 압박법의 포인트 〉

에릭슨 최면

에릭슨 최면이란 또 다른 현대 최면의 대가인 밀턴 에릭슨(Milton H. Erickson)의 최면 기법을 말한다. 에릭슨은 기적과도 같은 최면 효과를 냈으며 동시에 일반적으로 생각하는 최면적 수순을 따르지 않고 최면 작업을 했기 때문에 많은 후대 최면가들의 연구 대상이기도 했다.

에릭슨의 최면은 지엽적인 부분을 이해하기 보다는 구조적인 부분을 우선 이해할 필요가 있다. 에릭슨의 최면이 연구 대상인 이유는 최면 유도 → 심화 → 최면 작업 → 각성의 일반적인 순서를 따르지 않고 작업했기 때문이다. 그렇기 때문에 에릭슨의 언어 패턴을 연구하는 등의 방식으로 지엽적으로 접근할 수 밖에 없었다.

에릭슨 최면의 핵심은 최면의 순서를 뒤죽박죽으로 한다는 것에 있다. 처음 피최면자를 봤을 때 최면 치유부터 시작한다거나 최면 각성부터 시작하는 것이다. 피최면자와 처음 만난 상황에서 대뜸 "셋을 세면 의식이 완전이 깨어납니다."와 같이 말을 시작하는 것이다. 이 뒤에도 순서를 지키는 것이 아니라 최면 각성 후에 최면 심화를 한다거나 최면 유도 뒤에 최면 각성을 하고 최면 심화를 한다거나 하는 식으로 순서 자체가 종잡을 수 없는 것이 에릭슨 최면을 어렵게 만드는 가장 큰 이유이다.

　그러므로 피최면자를 봤을 때 감각적으로 생각나는 최면 기법을 우선 던져본다고 생각하면 된다. 만약 이것이 작동한다면 거기에서 시작하면 될 것이고, 작동하지 않는다면 다시 이전 단계로 되돌아가 최면을 다시 시작하면 된다. 최면을 처음부터 순서대로 진행해야 하고, 한 번 실패하면 되돌아갈 수 없다고 생각하기 때문에 순서를 섞어서 멋대로 만들지 못한다. 하지만 한 번 실패해도 이전 단계로 돌아갈 수 있으며 피최면자는 이것이 실패했는지 성공했는지 알지 못한다. 그러므로 실패한 뒤에 무엇을 해도 피최면자는 그것이 제대로 되고 있는지, 아닌지를 알 수 없다. 이렇게 생각하면 최면의 순서를 매우 유동적으로 적용시킬 수 있다.

　에릭슨 최면이 어려운 것은 이것 때문이며 동시에 강력한 효과를 내는 것도 이것 때문이다. 최면 유도를 하지 않아도 최면적 효과가 일어나는 경우도 있으며 최면 치유를 하지 않고 최면 각성만을 하는 상태에서도 최면 치유의 효과가 일어나는 경우가 있다. 중요한 것은 최면가의 직관이며 원하는 기법을 사용해도 작동하지 않았을 때 다시 다른 기법을 시도해 보면 된다는 것만 기억하면 된다.

이미지 훈련

최면에서 가장 많이 사용하는 도구는 이미지이다. 매번 무언가를 떠올리게 하거나 상상하게 하거나 그려보게 한다. 그러므로 피최면자가 상상력이 좋으면 좋을수록 더욱 생생하고 강렬하게 최면을 체험할 수 있다.

하지만 이미지를 잘 그려낼 수 있다는 것은 바꿔 말하자면 이미지를 그려내는 기능이 머릿속에서 계속 작동하고 있다는 뜻이기도 하다. 그러므로 만약 피최면자의 내적 자원이 부족한 경우는 이미지를 생생하게 그려내는 기능을 작동시킬 수 없어서 이미지를 그려내지 못하거나 매우 생생함이 떨어지는 이미지를 그려내게 된다. 이렇게 이미지를 그려내는 힘은 최면 유도에 있어서 양날의 검과 같다.

이러한 이유에서 이미지는 리소스를 점유하므로 최면 유도에서 사용하는 것이 아니다. 많은 경우 최면 심화 단계에서 이미지를 이용한 최면 심화를 사용하는 경우가 많다. 편안한 바닷가의 정경이라거나 숲 속의 정경 등을 이용하는 경우가 많은데 이 경우에 이미지를 그려내도록 하여 리소스를 사용하므로 오히려 최면 유도에 악영향을 주기도 한다. 그렇기 때문에 최면 심화 단계에서는 점진적 이완법과 오실레이션 등의 이미지를 그려낼 필요 없이 단순히 내려놓기만 하는 방법으로 심화를 하는 것이 더 효과가 좋다.

그렇다면 이미지는 언제부터 사용하는 것이 좋을까? 이미 최면 유도 단계와 최면 심화 단계에서는 이미지를 사용하지 않는 것이 좋다고 이야기 했다. 그러므로 이미지를 사용할 수 있는 것은 그 다음 단계부터가 된다. 더 정확하게는 심화 단계의 가장 마지막인 컨빈서 단계에서부터 사용할 수 있다. 이 단계부터는 리소스를 확보한 상태이기 때문에 그 리소스를 사용하는 방법을 익히는 단계이기 때문이다.

이미지 훈련은 하나의 이미지를 떠올리고 그 이미지를 점차 다른 감각을 더하는 것으로 강화하는 방식으로 훈련한다. 대부분의 경우 한 가지 이미지를 떠올리는 것은 어렵지 않게 할 수 있다. 예를 들면 머릿속으로 동그라미 혹은 사각형을 떠올리는 것은 어렵지 않다. 이렇게 간단하고 단순한 것에서 조금씩 나아가는 것이다. 처음에는 동그라미를 떠올리고, 다음에는 그 동그라미를 노란색으로 채운다. 노란색 동그라미가 밝게 빛나는 것을 떠올리고 그 빛에서 따뜻한 느낌이 드는 것을 느껴본다.

이런 식으로 차차 이미지를 추가해 간다. 처음에는 하나의 객체에 여러 감각을 추가했다면 다음에는 그 객체를 중심으로 한 주변 풍경으로 이미지의 범위를 넓혀간다. 앞에서 설명한 동그라미에서 따뜻하게 빛나는 태양을 그려냈다면, 태양이 빛나고 있는 푸른 하늘을 그리고, 푸른 하늘에 떠 있는 구름들을 그려내는 등의 방식으로 조금씩, 하나씩 더해가면서 이미지를 만들어 가는 훈련을 한다.

이 훈련을 충분히 마치고 이미지를 만드는 능력을 갖추게 되면 뒤에 설명할 최면적 치유와 코칭에서 매우 많은 도움이 된다. 그러므로 컨빈서 혹은 워킹 스테이트의 작업을 마친 뒤에 쉬어가는 느낌으로 이미지 훈련을 거친 뒤에 본격적인 최면 작업으로 이행하는 것을 추천한다.

07

::

최면적 치유와 코칭

07

지금까지 최면 유도에 대해 다뤘다면 이제부터는 최면 치유와 코칭에 대해 다루고자 한다. 지금까지의 부분이 1부라면 이제부터 설명할 부분은 2부라고 볼 수 있을 것이다. 최면 유도가 성공한 다음에는 최면을 통해 마음을 치유하고 원하는 방향으로 나아갈 수 있도록 도울 수 있다. 이번 장에서는 그러한 기법들에 대해 설명하도록 하자.

우선 최면 치유와 최면 코칭의 차이를 나눌 필요가 있다. 기본적으로 누군가가 최면을 받고자 하는 경우는 두 가지가 있다. 첫 번째는 무언가 하고 싶은데 여러 가지 이유로 하지 못하는 것이고, 두 번째는 무언가 하고 싶지 않은데 계속 하고 있는 것이다. 첫 번째 경우는 운동을 주기적으로 나가고 싶은데 나가려고만 하면 발이 땅에 붙은 것처럼 떨어지지 않는 사람들이 대상이 된다. 두 번째 경우는 담배를 끊고 싶은데 습관적으로 담배를 계속 피고 있는 것이다. 대체적으로 첫 번째 경우를 코칭이라고 하고, 두 번째 경우를 치유라고 한다.

이제부터 다루는 최면적 치유와 코칭은 실제 상담 현장에서 일어나는 과정을 중심으로 설명할 것이다. 피최면자와 첫 대화를 시작하는 단계에서부터 상담을 종료하고 여러 번의 최면 작업을 어떤 식으로 구성할 것인지까지 다루도록 하겠다.

▌최면적 치유/코칭 플로우 차트

최면적 치유와 코칭은 기본적으로 사전 면담과 최면 작업의 두 단계로 나뉜다. 사전 면담에 대해서는 앞에서도 간단히 설명한 적이 있지만, 여기에서는 무엇을 이야기 해야 하고 최면가는 무엇을 염두에 두어야 하는지에 대해 더 자세히 다룬다. 최면 작업은 실제 최면적 변성이 일어나는 단계이다. 피최면자와의 면담을 통해 어떠한 기법으로 접근할 것인지, 그 안에서 어떠한 식으로 내적 변화를 일으킬 것인지를 다루게 된다.

최면 작업을 포함한 전체 최면의 플로우는 아래와 같이 진행된다.

1단계) 사전면담

    캘리브레이션과 적극적 청취 → 메타 모델 분석 → LAB 프로파일링 → 목적 설정과 세션 디자인

2단계) 최면 유도

    전후도법 → 손가락 붙이기 → 풍선/버킷 테스트 → 눈꺼풀 붙이기

3단계) 최면 심화

    점진적 이완법 → 오실레이션 → 팔 떨어뜨리기 → 숫자 세기 → 컨빈서 → 앵커링

4단계) 워킹 스테이트 확보

    손 붙이기 → 웃게 하기 → 최면 마취 → 플러스 환각 → 마이너스 환각

5단계) 최면 작업

    순수의식 / 시간적 접근 / 공간적 접근 등

6단계) 클로징

컨빈서 소거 → 긍정 암시 → 각성 → 최면 후 암시

이 과정만 머릿속에 넣어둔다면 최면 작업을 하는 것에 있어서 길을 잘못 들지는 않을 것이다.

▌사전면담 : 캘리브레이션

캘리브레이션(Calibration)이란 눈금을 조절하여 제대로 맞추는 행위를 말한다. 군필자들은 영점조정이라는 표현이 더 쉽게 와닿을 것이다. 최면에서의 캘리브레이션은 피최면자에 맞춰 최면가가 어떻게 접근해야 하고 어떠한 전략을 세워야 할지를 조절하는 것이다. 마치 가구에 수평계를 올려놓고 기울어진 정도를 확인하고 어느 쪽 다리를 높일지 결정하는 것처럼 피최면자가 어떤 기법에 쉽게 반응하고 무엇을 하면 쉽게 내적 변화를 일으킬 수 있을지를 파악하는 것이다.

캘리브레이션을 위해서는 여러 가지 기법들이 있지만 이 책에서는 최면의 인접 분야인 NLP에서 발전한 세 가지 모델 구조를 설명하도록 하자. 설명하는 순서대로 파악해 나가는 것이며 가능하면 노트 등을 구비해 두고 여기에서 파악한 내용들을 기록해 두는 것이 좋다.

1) B.A.G.E.L 모델

B.A.G.E.L 모델이란 로버트 딜츠(Robert Dilts)가 개발한 모델로 내적으로 프로세스하는 감각을 외부적으로 드러난 자세나 행동 등을 통해 분석하는 모델을 말한다. 이를 통해서 대상이 시각적(Visual)인 요소를 민감하게 처리하는지, 청각적(Auditory) 요소를 민감하게 처리하는지, 체감각적(Kinesthetic) 요소를 민감하게 처리하는지 파악할 수 있으며 이렇게 분석한 결과를 통해서 어떠한 이미지를 우선적으로 그려내게 할 것인지를 정할 수 있다.

B.A.G.E.L이란 다섯 가지 판단 요소의 머릿 글자를 딴 것이다. 각각 자세(Body), 접근 단서(Accessing Cue), 제스쳐(Gesture), 눈동자의 움직임(Eye Movements), 언어 사용(Language)를 의미한다. 각각을 파악하면서 어떤 요소가 주로 나타나는지를 살피면 피최면자가 시각적 요소를 우선하는지, 청각적 요소를 우선하는지, 체감각적 요소를 우선하는지를 알 수 있다. 그러면 각 요소에 대해 자세히 알아보자.

자세(Body)는 시/청/체감각 중 어느 것을 주로 사용하는가에 따라 자세 혹은 머리와 목의 자세, 호흡법이 달라지게 된다.

내부표상체계	자세	머리&어깨	호흡
시각	뒤로 기댄다	곧게 선다	짧고 얕다
청각	곧게 선다	옆으로 기울인다	보통 호흡
체감각	앞으로 숙인다	아래로 숙인다	깊은 복식호흡

접근 단서(Accessing Cue)는 호흡 패턴이나 음성 등의 비언어적인 지표 등을 통해 내부 표상 체계(시/청/체감각)를 파악하는 것이다.

내부표상체계	비언어적 지표	목소리
시각	곁눈질	높고 빠른 목소리
청각	눈살을 찌푸림	오르내리는 목소리와 템포
체감각	손이 가슴께에 주로 놓임	깊고 낮은 목소리와 느린 템포

제스쳐(Gesture)는 주로 어떤 감각 기관을 주로 사용하는가를 보여주는 것으로 내부 표상 체계를 보여준다.

내부표상체계	어디를 만지는가	손이 어디에서 움직이는가
시각	눈을 만진다	눈 높이에서 움직인다
청각	귀를 만지거나 가리킨다	입이나 턱을 만지거나 그 높이에서 움직인다
체감각	가슴이나 배를 만진다	목 아래에서 움직인다

눈동자 움직임(Eye Movement)는 눈동자가 어디로 움직이는가에 따라 어떠한 감각을 활용하여 내면에 이미지를 그려내는가를 보여준다.

내부표상체계	눈동자가 어디를 보는가
시각	위
청각	좌우
체감각	아래

언어(Language)는 어떤 형태의 단어를 사용하는지를 파악하는 것으로 어떤 감각을 주로 사용하는지 보여준다.

내부표상체계	주로 사용하는 단어
시각	본다, 명료하다, 시야에, 밝다, 그림, 흐리다, 보여준다 등
청각	들린다, 소리, 울림, 시끄럽다, 말한다 등
체감각	쥔다, 만진다, 느낀다, 단단하다, 무겁다 등

2) B.M.I.R 모델

B.M.I.R 모델이란 「내부 표상의 행동적 표현(Behavioral Manifestations of Internal Representation)」의 약어이다. 이는 감정과 신체에 대한 이론적인 구조로, 우리가 내적으로 체험하거나 그려내고 있는 것은 행동과 같은 외적 표현에 드러난다는 이론이다.

예를 들어 화가 났다면 호흡이 빨라지고 안색이 빨갛게 될 것이다. 긴장한 사람은 얼굴에 혈색이 사라지고 몸 전체에 긴장감이 느껴질 것이다. 기뻐하는 사람은 입꼬리와 광대뼈가 올라갈 것이다. 이런 식으로 내적으로 느끼는 감정이나 생각에 따라 신체적으로 나타나는 단서를 통해 현재 이야기하는 주제에 대해 어떠한 감정이나 생각을 가지고 있는지를 살필 수 있다.

주로 살피는 대상은 아래의 주제들이다. 이 모든 것들을 살필 필요는 없고 눈에 띄는 표현 몇 가지를 기반으로 추측해 나가면서 진행하면 될 것이다.

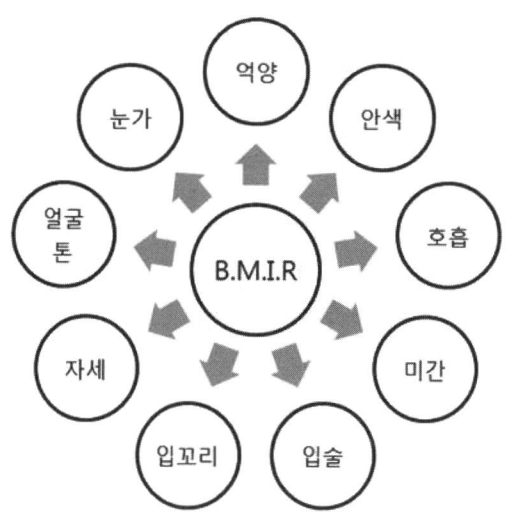

3) R.O.L.E 모델

지금까지의 두 가지 캘리브레이션 도구는 궁극적으로 이 R.O.L.E 단계에 적용하기 위한 것이다. R.O.L.E 모델이란 표상 체계

(Representation System), 지향성(Orientation), 연결성(Link), 효과성(Effect)의 네 가지를 의미한다. 이를 통해서 최면가는 최종적으로 피최면자의 마음이 어떻게 작동하는지에 대한 청사진을 그릴 수 있다.

여기에서는 앞의 세 가지 요소를 판단하고 마지막으로 제대로 판단했는지를 확인하는 과정을 포함한다. 그러므로 R. O. L.이 캘리브레이션이고 E가 테스트 및 결론이 된다. 만약 마지막 E에서 올바른 결론이 나오지 않았을 경우 다시 R. O. L에서 잘못된 부분을 수정하고 테스트 하는 과정을 거친다.

첫 번째 R, 표상체계는 앞에서 B.A.G.E.L과 B.M.I.R를 이용한다. 주로 어떠한 감각을 이용하여 표현하고 있으며 어떠한 감각을 우선 순위로 삼고 있는가를 살피는 것이다.

두 번째 O는 지향성을 의미한다. 이는 선택에 영향을 주는 요소를 말하며, 무엇에 중심을 두고 있는가를 의미한다. NLP에서는 복잡하게 설명이 되어 있으나, 과거 지향성인지 아니면 미래 지향성인지를 의미한다. 즉, 과거의 경험을 중심으로 선택을 하는가 혹은 미래의 기대 혹은 희망을 중심으로 선택을 하는가를 의미한다.

세 번째 L은 외부에서 무언가의 자극에 의해 기억이나 정서가 촉발되었을 때 이 정보를 직렬적으로 처리하는가, 병렬적으로 처리하는가를 말한다. 만약 무언가를 보고 다음으로 이어지는 현상들이 순서대로 이루어진다면 직렬형이며, 동시에 일어난다면 병렬형이다. 예를 들어 헤어진 연인이 좋아했던 음악이 들렸을 때 먼저 음악이 들리고 그 음악이 들린 뒤에 헤어진 연인이 떠오르고, 헤어진 연인과의 추억이 떠오른 뒤에 슬퍼진다면 직렬형이다. 하지만 음악을 듣자 헤어진 연인도 떠오르지만 동시에 그 음악이 나왔던 TV 프로그램도 떠오른다면 병렬형이다. 즉 직렬형이란 순차적으로 한 번에 하나씩 처리하지만 병렬형은 여러 정보가 동시다발적으로 일어나는 것이다.

이렇게 파악한 정보를 마지막 E에서 확인한다. 이 단계는 T.O.T.E 모델을 사용한다. 약어만 보면 매우 어려워 보이지만 단순히 테스트 후 작동 여부를 확인하고 작동한다면 그대로 종결되는 것이고 작동하지 않는다면 테스트 모델을 수정한 뒤에 다시 테스트하는 것을 의미한다. 이를 통해 최종적으로 작동하는 모델을 찾게 되면 마지막 단계가 완료된 것이다.

마지막 R.O.L.E 모델을 이용하여 피최면자가 어떠한 방향에 쉽게 반응하는가에 대한 지도를 그려낼 수 있다. 이 지도를 그릴 수 있다면 실제 최면 과정에 있어서 단어를 어떻게 사용해야 하며 강조해야 하는 부분이 어떤 부분인지를 알 수 있기 때문에 매우 큰 도움이 된다.

▎사전 면담 : 적극적 청취

적극적 청취(Active Listening)이란 위기 협상 기법에서 사용하는 기법 중 일부이다. 위기 협상이란 인질 협상극과 같이 위협적인 상황에서 위협을 가하는 사람과 협상하기 위해 만들어진 기법이다. 많은 경우 위협 상황(가정 폭력, 테러, 인질극 등)에서는 위협을 가하는 사람은 매우 흥분해 있으며 심리적인 압력이 매우 극단적으로 높아져 있는 경우가 많다. 적극적 청취란 이렇게 심리적인 압력이 높은 사람들의 내적 압력을 낮추기 위한 기법이다.

최면 상담에 있어서도 이렇게 내적 압력을 낮추는 것이 매우 중요하다. 앞에서 이야기한 내적 리소스는 내적 압력이 낮은 상태에서 만들어진다. 그러므로 내적인 압력이 높은 상태에서는 아무리 좋은 이야기를 듣고 아무리 좋은 기법을 만나도 그것이 효과를 발휘하지 못한다. 마치 극도로 스트레스가 높아진 상황에서는 타인이 해 주는 조언이 잔소리처럼 느껴지지만, 마음에 여유가 있다면 그 조언을 받아들이고 자신의 발전을 위해 사용할 수 있는 것과 같다. 그러므로 피최면자의 기본적인 반응성에 대한 지도를 그렸다면 이제는 적극적 청취를 통해 피최면자의 심리적 압력을 낮춰줘야 한다.

적극적 청취는 두 가지로 나누어 볼 수 있다. 한 가지는 압력 빼기이며, 또 한 가지는 압박하기이다. 압력 빼기는 풍선의 구멍을 열어주는 것을 생각하면 쉽게 이해할 수 있다. 이미 압력이 높은 상태에서는 작은 구멍이 열리는 것 만으로도 그곳을 통해 쉽게 압력이 빠져나간다. 이렇게 압력이 빠져나갈 수 있는 구멍을 만들어주는 것이 압력 빼기이다.

압박하기는 압력이 한 번 빠진 뒤에 압박하여 아직 남아있는 심리적 스트레스를 뽑아내는 것이다. 처음에는 이미 심리적 압력이 높아진 상태이기 때문에 구멍을 열어주는 것으로도 압력이 빠졌지만 압력이 빠진 상태에서는 외부에서 힘을 가해서 압력을 빼 주지 않는다면 압력이 빠지지 않는다. 그러므로 완전히 압력을 뺀 상태를 만들기 위해 압력을 뺀 뒤에 압박하여 더욱 내적 압력이 낮은 상태를 만든다.

압력 빼기는 여덟 가지, 압박하기는 일곱 가지 정도의 기법을 익히면 충분하다. 이 기법들을 모두 사용해야 하는 것이 아니라 상황에 맞추어서 적합한 기법을 사용하는 것이다. 그러므로 모든 기법을 이해할 필요는 없고 몇몇 기법들을 충분히 익히고 적합한 상황이 되었을 때 사용하는 것이 좋다.

:: 압력 빼기 ::

적극적 청취의 기본은 「듣기 + 질문」이다. 상대가 하는 말을 잘 듣고 그 내용에 기반하여 질문을 하는 방식으로 이야기 한다. 이 때 쉽게 이야기를 진행하기 위한 방법으로는 아래와 같은 기법들이 있다.

1) 기초적 공감(Empathy)

상대방의 이야기에 함께 공감해 주는 것이다. 단지, 상대방의 이야기가 자신으로써는 공감할 수 없는 주제일 수 있다. 예를 들어 기르던 개가 죽어서 슬퍼하고 있을 때 아무런 애완동물을 기른 적이 없었다면 그것에 함께 공감하며 슬퍼해 줄 수 없다. 이럴 때에는 상대방의 이야기와 자신의 체험이 만나는 상위 개념을 찾아서 그 상위 개념을 이야기하며 공감하도록 한다. 이 경우에는 자신이 소중한 것을 잃어버렸을 때의 경험을 함께 이야기하면서 공감해주면 된다.

2) 상태 정의(Emotion Labeling)

　상대방의 이야기를 정리하여 한 두 단어로 표현해 주는 것이다. 사람들은 자신의 이야기를 설명할 때 그것에 정확한 단어를 찾지 못하면 그것을 위해 뇌의 리소스를 과도하게 사용한다. 그러므로 누군가가 그것을 정확하게 단어로 설명해 줄 수 있다면 설명을 위한 리소스의 사용을 줄일 수 있게 된다.

　예를 들어 매우 큰 실패를 해서 실의에 빠져 있는 사람이 자신이 실패한 뒤에 얼마나 비참한 삶을 살았는지 설명하고 있을 때 "인생이 지옥 같았겠네요."와 같은 식으로 표현해 주는 것이다.

3) 명료화(Clarification)

　상대방의 말이 명확하지 않거나 애매한 경우 그 의미를 분명히 하는 방식의 기법이다. 기본적으로는 "그 말이 ○○이라는 뜻인가요?"라고 되묻는 경우가 많다. 혹은 "그 말을 한 것은 ○○한 이유 때문인가요?"라고 묻는 것이다.

　이렇게 한 번 상대의 내용에 대해 질문을 하게 되면 질문 받는 입장에서는 '아! 나를 적극적으로 알고 이해하려고 하는구나!'라고 느끼게 된다. 이를 통해 압력이 빠지면서 리소스가 확보된다.

4) 언어 치환(Paraphrase)

　상대방이 한 말을 최면가의 언어로 다시 바꿔서 이야기 해 주는 것이다. 많은 경우 파괴적으로 사용한 언어를 다른 부드러운 단어로 사용한다. 이렇게 하는 것으로 감정적인 격류를 다스릴 수 있게 된다. 예를 들면 "내 인생은 망했어!"라고 말하는 피최면자에게 "삶이 뜻대로 되지 않는 모양이군요?"라고 질문하는 것이다.

5) 요약/재정의(Summary)

　이것은 특히 상대방이 장황하게 이야기를 할 때에 그것을 정리해서 대답하는 것을 말한다. 이것은 앞에서 명료화와 유사하게 이리저리 혼란스러운 상황을 정리하는 것을 통해서 리소스를 확보하는 기능을 한다. "그러니까, ○○하고 □□하고 △△하다는 말씀이시지요?"와 같은 방식으로 사용한다.

6) 최소한의 격려(Minimal Encourager)

　상대방이 계속해서 말을 할 수 있도록 상대방에게 맞장구 쳐주는 것을 말한다. 사람들은 말을 하는 것 만으로도 어느 정도 압력이 떨어지게 되므로 계속 이야기를 할 수 있도록 격려해 주는 것이 필요하다. 하지만 너무 과도하게 맞장구를 쳐 주게 되면 오히려 작위적인 느낌이 들기 때문에 적절하게 추임새를 넣어 줘야 한다.

7) 침묵(Effective Pause)

침묵이란 매우 강력한 도구이다. 사람들은 말이 끊어진 상태에 불안을 느끼며 그 불안을 어떻게든 해소하기 위해 다시 말을 꺼낸다. 하지만 이 침묵을 견디지 못하고 말을 먼저 꺼낸 사람은 두 사람의 관계에 있어서 약한 위치에 놓일 수 밖에 없다. 왜냐하면 침묵을 지키고 있는 사람은 자신의 불안감을 견디고 있었기 때문에 상대적으로 불안감을 견디지 못한 사람에 비해 강함을 증명했기 때문이다. 그러므로 만약 침묵 상태가 발생한다면 그 상태를 어떻게든 바꾸려 하는 것이 아니라 오히려 침묵을 유지하도록 하자.

8) 1인칭적 입장 교체 표현(I Message)

상대방의 이야기를 자신의 입장에서 어떻게 느껴지는지 자신이 어떻게 해석했는지를 이야기한다. "내가 보기에는…"이라거나 "내 생각에는…"과 같은 식으로 상대방의 이야기를 단순히 듣는 것이 아니라 자신은 어떻게 느끼고 생각했는지를 이야기 하는 것이다.

:: 압박하기 ::

　압력 빼기와 압박하기의 경계는 상대방의 말이 두서를 갖추고 전후 인과 관계를 갖추게 되기 시작하는 순간이다. 압력이 너무 높은 상태에서는 자신의 이야기를 하는 것에 바빠서 일단 아무 이야기나 해버린다. 하지만 어느 정도 압력이 빠진 뒤에는 생각에 여유가 생기기 때문에 전후 관계나 인과 관계 등을 갖추게 된다. 그러므로 이해할 수 없는 상대의 말을 이해할 수 있게 된다면 압박하기로 넘어갈 수 있다. 물론 이 단계에서 다시 두서가 없어지면 압력 빼기로 되돌아간다.

1) 폐쇄형 질문(Closed Probe)

　단순히 예/아니오로 답하는 것이나 간단하고 구체적으로 대답할 수 있는 질문을 하는 것이다. 이렇게 폐쇄형 질문을 하게 되면 압박을 받기 때문에 심리적 압력이 조금 빠져나간다.

2) 맞서기(Confrontation)

　상대가 한 말의 모순이나 불일치하는 부분들, 상반된 행동 등을 지적하고 맞서는 것이다. 이렇게 맞서기를 하게 되면 상대방과 정면으로 바라보게 된다. 압력 빼기 단계에서는 단순히 내뱉기만 하던 것이 이제는 대화의 캐치볼이 가능해 진 것이다. 이렇게 상대방 앞에 맞서서 점차 명료하게 생각할 수 있도록 만들어 주는 것이 맞서기 기법이다.

3) 정보 제공(Information-Giving)

　대상이 잘못 알고 있는 것을 틀렸다고 알려주고 올바른 정보를 알려주거나, 새롭게 업데이트 된 정보를 알려주는 것이다. 이는 틀린 정보를 기반으로 구축된 다른 생각이나 믿음들을 한번에 제거하는 방법이며 동시에 새로운 정보를 입력하는 것으로 시야를 조금 넓게 해준다.

4) 행농 지시(Instructions)

　최면적인 지시와 같이 어떤 행동을 하도록 지시하는 것이다. 굳이 대화의 맥락과는 맞지 않아도 상관은 없으나 상대방이 어째서 그 행동을 해야 하는지에 대한 이유는 설명해 주는 것이 좋다. 예를 들면, "너무 긴장한 것 같으니 숨을 크게 쉬어 보세요."와 같이 지시하는 것이다.

5) 털어놓기(Self-Disclosure)

　상대방만 일방적으로 털어놓는 것이 아니라 나의 비밀도 털어놓고 함께 공범이 되는 것이다. 만약 상대방이 내 비밀을 알게 되면 나를 단순히 시야에 비치는 한 인간이 아니라 살아있는 사람으로 인식하게 된다. 그 결과 서로가 조금씩 더 마음을 열고 이야기를 할 수 있게 된다.

6) 즉각 반응(Immediacy)

　상대방이 말하는 내용에 대해 생각하거나 느끼는 것을 곧바로 그 자리에서 표현하는 것이다. 이것은 맞서기와 비슷하지만 내가 생각하고 느끼는 것을 이야기하는 것이라는 차이가 있다. 그러므로 상대의 이야기를 들었을 때 "내가 듣기에는 그 얘기는 너무 감정적인 것 같네요."라거나 "그 이야기는 너무 불쾌한데요."와 같이 즉시 자신의 감정과 느낌을 표현해 준다.

7) 지지하며 압박하기(Encourage and Confrontation)

　앞에서의 지지하기와 맞서기를 함께 행하는 것이다. 상대방을 지지하는 것으로 계속 이야기를 진행하도록 하면서 동시에 맞서는 것으로 틀리거나 잘못 알고 있는 것에는 맞서는 것으로 차차 심리적인 압박을 가하는 것이다. 이 경우 "○○○은 맞는데, □□□는 너무 섣불리 결정한 것 아닌가요?"와 같은 방식으로 이야기한다.

이 기법들을 익히고 실제 사전 면담 상황에서 피최면자의 이야기를 들으면서 사용하면 압력을 낮추는 데에 큰 도움이 될 것이다.

▎사전 면담 : 메타 모델 분석

우리는 타인과 이야기를 할 때 무의식적으로 특정 정보를 삭제하거나 왜곡하거나 일반화하여 전달한다. 이런 식으로 이야기하게 되면 소통에 있어서 모든 정보가 포함되지 않기 때문에 듣는 쪽에서는 오해하거나 제대로 이해하지 못한 채로 소통을 하게 되곤 한다. 그러므로 이렇게 삭제, 왜곡, 일반화된 부분을 보완하고 명확하게 하는 도구를 메타 모델(Meta Model)이라고 한다.

최면에 있어서 피최면자는 자신도 모르게 항상 정보를 삭제, 왜곡, 일반화하여 전달한다. 이것은 당사자가 의도적으로 한 것이 아니라 자신에게 있는 부정적인 감정을 자극시키지 않기 위하여 무의식적으로 정보를 삭제, 왜곡, 일반화 한다. 그러므로 정보가 삭제, 왜곡, 일반화 되는 한 최면가는 피최면자가 무의식적으로 삭제, 왜곡, 일반화 하고 있는 부정적인 감정이 무엇인지 알지 못한다. 그러므로 삭제, 왜곡, 일반화를 통해 누락된 정보를 명확하게 하지 않으면 아무리 오랫동안 사전 면담을 해도 문제의 핵심에는 접근하지 못한 채 시간만 허비하게 된다.

사전 면담에 있어서 메타모델은 두 가지 목적으로 사용한다. 첫 번째는 피최면자에게서 구체적이면서 정확한 정보를 얻기 위해서 사용한다. 두 번째는 피최면자가 가진 전제와 전입견을 파악하는 것이다. 또한, 사전 면담적인 목적은 아니지만 메타 모델을 사용하는 과정에서 피최면자 스스로가 자신의 제한된 신념을 인지하고 거기에서 스스로 벗어나는 경우도 생긴다.

최면 작업에서 메타 모델의 분석은 피최면자의 말을 믿지 않는 것에서 시작한다. 2017년에 작고한 최면가 제럴드 카인(Gerald F. Kein)은 피최면자가 자신의 문제에 대해 이야기하고 스스로 왜 그랬을지 이야기하기 시작하면 노트하는 척 하면서 그날 저녁에 뭘 먹을지 고민한다고 농담처럼 말했다. 왜냐하면 이 단계에서 피최면자의 언어는 삭제, 왜곡, 일반화로 가득 차 있기 때문에 최면가 입장에서 의미 있는 정보를 얻을 수 없기 때문이다.

최면가는 사전 면담에서 이 메타 모델을 사용하여 피최면자가 가지고 있는 문제와 최면의 목적을 명료하게 만들어야 한다. 그래야만 실제로 삶 속에서 변화를 일으키는 최면 작업이 가능해지며 의미없이 시간을 소모하지 않는다.

메타모델은 삭제, 왜곡, 일반화라고 하는 세 가지 영역으로 나누어져 있으며 총 열두가지 패턴으로 구성되어 있다. 이를 적극적 청취와 함께 사용하는 것으로 압력을 낮추는 효과와 함께 메타 모델을 파악하는 것이 가능하다.

각 패턴에는 해당 패턴을 명료하게 하는 도전 질문들이 있다. 그러므로 해당 패턴에 해당하는 도전 질문을 통해 해당 삭제, 왜곡, 일반화를 해소할 수 있으며 그럴수록 조금씩 문제의 핵심에 다가갈 수 잇게 된다. 이제부터는 각 패턴과 간단한 설명, 도전 질문을 소개하도록 하자.

:: 삭제 ::

1) 불특정 명사(Unspecified Nouns)

예시 : 이거 좋지 않나요?

대화 상에서 주어 혹은 목적어로 사용되는 명사를 모호하게 사용하는 것이다. '사람들이, 뭐든지, 어디서나' 등과 같이 정확하게 명사를 지칭할 수 없는 모호한 말을 사용한다. 주로 육하원칙 중 '누가, 언제, 어디에서, 무엇을'에 해당하는 요소를 구체적으로 제시하지 않는다.

· 도전 질문 : "(그 사람 / 그 때 / 거기 / 그것 등)은 구체적으로 무엇을 말하는 것인가요?"

2) 불특정 동사(Unspecified Verbs)

예시 : 그는 나를 싫어해.

「불특정 명사」가 '무엇'에 대한 것이었다면 「불특정 동사」는 '어떻게'에 대한 것이다. 구체적으로 무엇을 어떻게 했는가에 대해 구체적으로 나타나지 않은 경우가 불특정 동사이다. 여기에서는 동사라고 표현했지만 형용사 등의 상태를 나타내는 여러 가지 표현도 여기에 속한다. 특히 어떻게 그것이 일어났는지를 이해할 수 없을 때 불특정 동사의 삭제가 일어난 것이다.

· 도전 질문 : "구체적으로 어떻게 그것을 했나요/하나요?"

3) 비교 지표의 삭제(Lost Referential Index)

예시 : 나는 쓰레기야.

비교에 의한 가치 판단이 일어났으나, 무엇과 비교했는지를 얘기하지 않는 것이다. 우열을 나타내는 표현이 쓰일 때, 무엇과 비교해서 우열이 있는지를 이야기하지 않고 단순히 우월하다 혹은 열등하다고 표현하기만 하면 이 「비교 지표의 삭제」가 일어난 것이다.

· 도전 질문 : "무엇과 비교해서 (우월/열등)하다고 생각하는 것인가요?"

4) 판단자 삭제(Lost Judgemental Index)

　예시 : 그렇게 하면 잘 되겠네요!

　평가 혹은 판단의 주체가 사라진 상태로 이야기하는 것이다. 「비교 지표의 삭제」와의 차이점은 비교 지표의 삭제에서는 '○○에 비해서'가 생략되었다면 「판단자 삭제」에서는 '○○의 판단에 의하면'이 생략된 것이다. 혹은 판단 기준이 명확하지 않은 경우에도 이러한 삭제를 일으키고 있는 것이다.

　　· 도전 질문 : "누가 그렇게 생각/판단한 것인가요?"

5) 명사화(Nominalization)

　예시 : 나는 조용하게 좀 살고 싶어요.

　명사화란 다양한 형태와 스펙트럼, 프로세스를 가지고 있는 것을 하나로 뭉뚱그려 명사로 만들어버리는 것이다. 예로 들었던 '조용한 삶'이라는 것 역시도 그 안에는 매우 많은 요소를 가지고 있다. 하지만 그 많은 것들을 모두 삭제한 채로 '조용한 삶'으로 표현해버렸다. 그렇다면 그 안에서 당사자가 생각하는 조용한 삶이란 무엇인지를 알 수 없다.

　　· 도전 질문 : "그 (명사화)가 구체적으로 어떠한 것인가요?"

:: 왜곡Distortion ::

6) 복합 등식(Complex Equivalence)

 예시 : 네가 나에게 계속 그렇게 하는 건, 내게 불만이 있다는 거지.
 두 가지 무관계한 개념들이 같은 의미가 되는 형태이다. 이 경우 둘 중 하나가 사실이라면, 나머지 하나도 사실이 된다. 그러므로 많은 경우 근거가 되는 개념은 사실에 기반하지만, 그에 등가로 연결되는 개념은 자신의 감상이나 생각을 넣는다. 이렇게 왜곡시키게 되면 근거가 되는 개념이 사실에 기반하고 있으므로 자신의 생각이 확고한 근거를 가지고 있다고 여기게 된다.

· 도전 질문 : "A라는 것이 어째서 B가 되나요?"

7) 전제(Presupposition)

 예시 : 언제 여행 갈 건가요?
 암묵적으로 어떠한 전제 혹은 가정을 숨겨놓고 이야기하는 것이다. 예시를 들었던 문장에서는 여행을 가는가에 대한 검증 없이 언제 갈 것인지를 묻고 있다. 이는 여행을 가지 않는다는 선택지 자체는 배제시켜 놓고 여행을 간다는 전제를 이미 성립시켜 둔 뒤에 이야기를 진행하고 있는 것이다. 이 경우, 이 전제를 밝혀내지 않으면 암묵적인

전제를 기반으로 이야기를 하기 때문에 대화가 진행된 뒤에 서로 다른 이야기를 하는 경우가 종종 있게 된다.

· 도전 질문 : "(전제)를 어떻게 알게 되었나요?"

8) 인과 관계(Cause and Effect)

예시 : 꼭 저 사람만 오면 일이 안풀리더라.

A라는 일이 일어났으므로 B라는 일이 일어날 것이라는 믿음이다. 단순히 우연에 의한 관계라는 점에서는 징크스와 유관한 부분이 있다. 이는 마치 아침에 우연히 운 좋은 체험을 여러 번 하게 되면 하루 종일 운이 좋을 것이라고 믿는 등의 생각과 동일하다.

· 도전 질문 : "A가 일어나면 왜 B가 일어나나요?"

9) 독심술(Mind Reading)

예시 : 내가 말해서 기분 나빴구나?

우리는 타인의 마음을 읽지 못한다. 하지만 마치 그 사람의 기분이나 생각을 단정짓는 듯 생각하는 경우가 있다. 이는 대부분 자신이 그 상황이라면 그러한 기분이나 생각일 것이기 때문에 상대방도 그럴 것이라고 억측하는 경우가 많다. 하지만 사람은 정말로 다른 방식으로 살아가기 때문에 나에게 좋은 것이 상대에게 좋지 않을 수 있고, 나에게 나쁜 것이 상대에게 나쁘지 않을 수도 있다.

· 도전 질문 : "어떻게 (독심의 내용)이라는 것을 아나요?"

:: 일반화Generalization ::

10) 가능성 조동사(Modal Operator of Possibility)

예시 : 나는 절대로 스카이 다이빙은 못해.

스스로가 제한과 한계를 두는 것이다. 이는 제한과 한계 뿐만이 아니라 규율과 규칙까지도 설정해 두고 그것을 넘어가는 것을 생각조차 하지 못한다. 즉, 내면에 가지고 있는 어떠한 틀을 두고 그 틀을 기준으로 하여 가능/불가능을 판단하는 것이다.

· 도전 질문 : "무엇이 (제한)을 (할 수 있다고/할 수 없다고) 생각하나요?"

11) 필요성 조동사(Modal Operator of Necessity)

예시 : 나는 꼭 내일까지 이 일을 끝내야 해.

자신의 규율 혹은 규칙에 따라야만 한다고 여기는 것이다. 무언가를 '해야 한다.' 혹은 '하면 안 된다.'를 결정하는 것으로, 자신의 제한적 신념에 의해 결정된 것 뿐이다. 그러므로 그 누구도 해라 혹은 하지 말라고 한 적이 없음에도 불구하고 자신의 내면적 규율에 의해 스스로를 제약하는 것이다.

· 도전 질문 : "그렇게 (하면 / 하지 않으면) 어떻게 되나요?"

12) 보편화된 수량(Universal Quantifiers)

예시 : 여기에선 되는 일이 하나도 없어!

'모두, 항상, 아무것도' 등과 같이 어떠한 수 혹은 양을 표현하는 말들이 있다. 이 때 모든 가능성을 긍정 혹은 부정하는 것으로 인해 예외를 인정하지 않는 방식으로 사용하는 표현들이 이에 속한다. 즉, 어떠한 법칙이나 생각 등이 항상 모든 상황에서 통용되는 것이 아님에도 불구하고 한 두 번의 체험을 극도로 일반화시켜 모든 상황에 대입시키는 것이다. 모든 것에 대입시키거나 반대로 모든 것에서 제외시키는 두 가지 경우가 이에 해당한다. 또한, 인종 등에 의해 특정한 그룹 전체에 대입/제외시키는 것도 이에 속한다.

· 도전 질문 : "정말로 모든 것들이 다 그렇습니까?"

사전 면담 : LAB 프로파일링

LAB 프로파일링은 메타 모델의 발전형인 메타 프로그램의 발전형이다. MIT의 언어학자인 노엄 촘스키(Noam Chomsky)는 삭제, 왜곡, 일반화를 통해서 각 사람들은 세상을 다르게 바라보고 이해한다는 이론을 펼쳤다. 메타 프로그램이란 이 삭제, 왜곡, 일반화의 패턴을 설정하여 총 60개의 패턴을 설정한 것이다. 이 60개의 패턴에서 한 걸음 더 나아가 로저 베일리(Roger Bailey)가 커뮤니케이션에서 사용할 수 있도록 정리한 것이 LAB 프로파일링이다.

LAB 프로파일링에서는 사람들이 세상을 바라보는 필터를 총 14개의 카테고리로 분류하였다. 그리고 이 14개의 카테고리는 두 영역으로 나뉘어서 동기 특성(Motivation Trait)과 행동 특성(Working Traits)으로 나뉘게 된다. 즉, 인간의 메타 프로그램을 동기 혹은 행동으로 분류하고 그 하부 패턴을 정리하게 되면 총 14개의 패턴을 발견할 수 있다는 것이다. 대화를 통해 이 14개의 패턴을 발견해내는 것이 LAB 프로파일링이다. 이 14개의 패턴을 정리하면 다음과 같은 도식이 만들어진다.

이 도식의 총 14가지 주제 안에서 상대방의 패턴과 세상을 바라보는 창을 바라보고 그 패턴에 맞춰 상대방의 언어로 상대방의 내면에 접근하는 방식이 LAB 프로파일링이다. 각 패턴에 대한 설명은 다음과 같다.

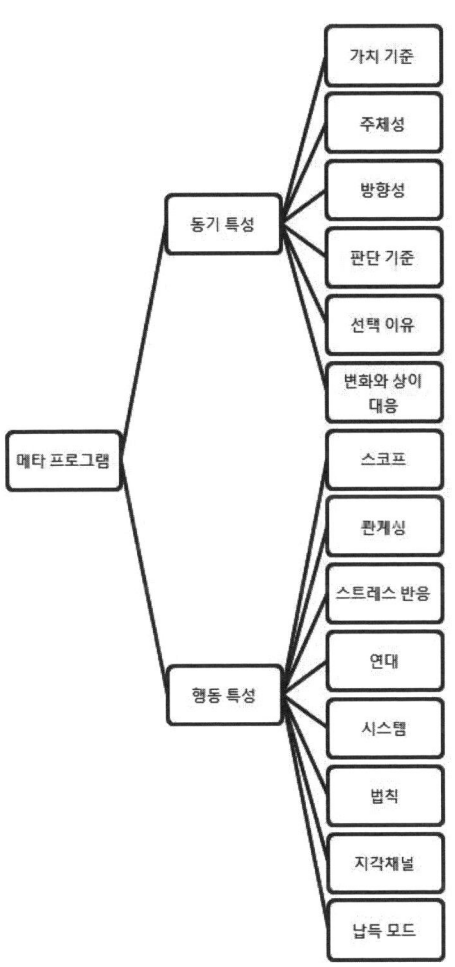

:: 동기 특성 Motivation Traits ::

동기 특성은 한 문장으로 설명하자면 "무엇이 그를 움직이게 하는가?"에 대한 대답이다. 여기에는 여섯 개의 주제가 준비되어 있으며, 질문에 대한 대답을 통해 상대방의 패턴을 파악할 수 있게 된다. 이때 상대의 자세나 어조 등을 파악하는 것이 아니라 상대가 사용하는 언어만을 통해 파악하게 된다.

패턴 1) 가치 기준(Criteria)

이는 그 자신에게 있어서 판단의 근거가 무엇인가를 확인하는 것이다. 중요한 것이 무엇이며, 가치를 두는 것이 무엇인가를 확인한다.

- 질문 : 이 (작업)에서 무엇을 얻고자 합니까?
- 산출 패턴 : 없음(가치 기준을 확인하는 것이 목적)

패턴 2) 반응 수준(Level)

외부의 상황에 반응해서 행동하는 사람인가, 주체적으로 행동하는 사람인가를 살핀다. 주체적(Proactive)인 사람이라면 깊이 생각하지 않고 행동하며 행동 자체가 동기가 되고, 반응적(Reactive)인 사람이라면 상황을 파악하고 타인들의 움직임에 따라 행동하는 사람이다.

- 질문 : 없음.
- 산출 패턴 : 주체적 / 반응적

패턴 3) 방향성(Direction)

행동의 이유가 목표 달성인지, 문제 회피인지를 살핀다. 목표 달성형(Toward)이라면 주어진 과제를 달성하는 그 자체가 동기가 된다. 성취하는 것과 무언가를 얻는 것으로 인해 동기가 부여되는 사람이다. 문제 회피형(Away From)은 무언가 이득을 얻는 것이 아니라 손해를 피하기 위해 움직이는 사람이다. 그러므로 어떠한 문제가 일어날 것인지를 항상 살핀다.

- 질문 : 왜 (가치 기준)이 중요합니까?
- 산출 패턴 : 목표 달성형 / 문제 회피형

패턴 4) 행동 원천(Source)

의욕이 어디에서 생겨나는가를 살핀다. 내부형(Internal)은 자기 자신의 판단과 스스로가 만족하는 것에서 의욕이 생겨나며, 외부형(External)은 타인 혹은 주위의 평가에서 의욕이 생겨나는 타입이다.

- 질문 : 자신이 그것(작업)을 잘 했다는 것을 어떻게 알 수 있습니까?
- 산출 패턴 : 내부형 / 외부형

패턴 5) 선택 이유(Reason)

무언가를 선택할 때, 추구하는 것이 무엇인지를 살핀다. 선택지형(Options)은 다양한 아이디어와 가능성, 새로운 것에 초점을 둔다. 반대로 과정형(Procedures)은 정해진 방식대로, 규정대로 나아가는 것에 초점을 둔다.

- 질문 : 어째서 (현재의 작업)을 선택했습니까?
- 산출 패턴 : 선택지형 / 과정형

패턴 6) 결정 요소(Decision Factors)

어떠한 것을 선호하는가에 대한 요소이다. 여기에서는 총 네 가지 패턴이 나타난다. 동일성 중시형(Sameness)은 변화하지 않고 항상 같은 상태로 유지되는 것을 선호한다. 이 반대가 차이성 중시형(Difference)으로 극적인 변화를 선호하는 타입이다. 이 사이가 예외가 있는 동일성 중시형(Sameness with Exception)으로 몇몇 부분에서는 변화가 있지만 큰 변화는 없고 장기적으로 지속적인 변화를 원하는 타입이다. 마지막은 예외가 있는 동일성 및 차이성 중시형(Sameness with Exception & Difference)으로 두 가지 경향을 모두 가진 타입이다.

· 질문 : (현재 작업과 과거 작업 사이의) 차이는 뭐가 있을까요?
· 산출 패턴 : 동일성 중시형 / 차이성 중시형 / 예외가 있는 동일성 중시형 / 예외가 있는 동일성 중시형 및 차이성 중시형

:: 행동 특성Working Traits ::

행동 특성이란 "어떻게 움직이는가?"에 대한 대답이다. 여기에는 총 8개 분류가 있으며, 24개 패턴으로 나뉘어진다. 이에 따라 무엇에 주목하고 언제 자신의 능력을 최대한으로 낼 수 있는가를 알 수 있다.

패턴 7) 초점(Scope)

어떤 부분에 초점을 맞추는가에 대한 것이다. 구체성(Specific)에 초점을 맞추는 경우 자세한 정보나 세부사항에 마음을 쓰며 아주 작은 요소가 제대로 이루어지고 있는지를 살핀다. 반대로 일반성(General)에 초점을 맞추는 경우 전체적인 패턴이나 포인트를 중심으로 파악한다. 반대로, 구체적이거나 세부적인 부분에 대해 약한 모습을 보인다.

- 질문 : 없음
- 산출 패턴 : 구체성 / 일반성

패턴 8) 의식의 방향성(Attention Direction)

커뮤니케이션 상황에서 의식이 어디로 향하고 있는지를 살피는 것이다. 자신에게 향하는 경우(Self)는 의식과 의도가 자기 자신에게 향해 있으므로 타인의 행동 등을 크게 살피지 않는다. 반대로 타인에게 향하는 경우(Others)는 스스로도 제스쳐를 크게 사용하며 타인의 반응 등에 민감하게 반응한다.

- 질문 : 없음
- 산출 패턴 : 자기 / 타인

패턴 9) 스트레스 반응(Stress Response)

　일상생활에서 스트레스에 어떻게 반응하는가를 본다. 즉 스트레스 상황에서 어떠한 모습으로 스스로를 드러내며 표현하는가를 말한다. 감정형(Feeling)은 스트레스를 받으면 쉽게 감정적이 되며 격양적이 된다. 그 반대가 사유형(Thinking)으로 스트레스를 받으면 오히려 냉정하게 판단하기 시작하며 계산적으로 상황을 파악한다. 선택형(Choice)은 감정형과 사유형의 사이로 스스로가 어느 정도 감정을 다스릴 수 있는 사람이다.

　· 질문 : 스트레스를 받았던 (작업 상황)에 대해 이야기 해 보세요.
　· 산출 패턴 : 감정형 / 사유형 / 선택형

패턴 10) 스타일(Style)

　업무와 작업을 어떤 스타일로 하는 것이 가장 적절한지를 본다. 독립형(Independent)는 혼자소 모든 책임과 권한을 가지고 일하는 것이 편한 사람이다. 이 반대로 근접형(Proximity)은 전체의 일부가 되어서 자신이 해야 할 일이 정해지고 한계가 정해져 있는 방식이 편한 사람이다. 협동형(Co-operative)는 하나의 팀을 만들어 팀 내에서 업무의 내용과 권한, 책임을 공유하는 방식으로 업무를 진행하는 것이 편한 사람이다.

· 질문 : (업무/작업)에서 (가치 기준)과 관련된 이야기를 해 보지요.
· 산출 패턴 : 독립형 / 근접형 / 협동형

패턴 11) 조직(Organization)

업무의 조직이 사람 중심인지 아니면 사람이 아닌 목표 혹은 성과 중심인지를 본다. 사람 중심(Person)인 경우는 사람들의 기분과 복지, 복리후생, 사기 등을 주로 살핀다. 목표 중심(Thing)인 경우는 성과와 목표가 중심이 된다.

· 질문 : (스타일의 답을 듣고) 거기에서 뭐가 좋았나요?
· 산출 패턴 : 사람 중심 / 목표 중심

패턴 12) 규칙(Rule Structure)

규칙과 규율을 어떻게 적용시키는가에 대한 것이다. 나/나(My/My) 타입의 경우는 내가 나에게 적용시키는 규율을 타인에게 적용시킨다. 나/없음(My/No) 타입의 경우는 스스로에게 적용시키는 규율은 있지만 타인에 대해서는 타인이 어떠한 규율을 따르건 신경 쓰지 않는다. 없음/나(No/My) 타입은 스스로에게는 아무런 규율을 적용시키지 않지만 타인에게는 자신이 가지고 있는 규율과 규범을 적용시키는 타입니다. 나/너(My/You)의 경우 자신의 규율은 자신이 지키고, 타인의 규율은 타인 자체의 규율을 따르도록 놓아두는 것이다.

· 질문 : (작업)에서 성과가 좋게 나왔던 방법은 무엇인가요? / (작업)에서 타인들이 성과를 좋게 낼 수 있게 하는 방법은 무엇일까요?
· 산출 패턴 : 나/나, 나/없음, 없음/나, 나/너

패턴 13) 확인자(Convincer)

얻은 정보를 사실로 판단하고 저장할 때 어떠한 방식을 주로 사용하는가에 대한 것이다. 시각형(See)은 숫자로 된 정보를 보여주거나 도식화된 정보를 보여주는 것으로 납득한다. 청각형(Hear)은 기본적으로 그 정보를 믿되, 의심을 해서 생기는 이득이 있을 경우 의심한다. 독해형(Read)은 완전히 납득하지 않고 계속해서 확인하는 타입이다. 행동형(Do)는 일정 기간동안의 증거가 있어야 납득하는 타입니다.

· 질문 : 무언가가 대단하다는 것을 얼마나 (보면, 들으면, 읽으면, 함께 해 보면) 알 수 있나요?
· 산출 패턴 : 시각형 / 청각형 / 독해형 / 행동형

패턴 14) 지각 채널(Representational Channel)

이는 그 사람이 시각, 청각, 체감각 중 주로 어떠한 감각을 중심으로 정보를 얻는지를 판단하는 것이다. 이는 앞에서의 B.A.G.L.E 모델과 같이 시각, 청각, 체감각으로 나눠 볼 수 있다. 숫자와 도형을 이야기하면 시각형, 쉽게 믿고 있으면 청각형, 일정 기간의 시간적 경과를 이야기하면 체감각형이다.

· 질문 : 어떤 사람이 (작업)을 잘 한다는 것을 어떻게 알 수 있나요?
· 산출 패턴 : 시각 / 청각 / 체감각

이렇게 산출한 14가지 패턴을 통해 어떤 이야기를 해야 할지, 이야기를 어떻게 해야 할지, 무엇을 중점적으로 이야기 해야 할지 등을 정할 수 있다.

▌사전 면담 : S.M.A.R.T.E.S.T를 이용한 목적 설정

지금까지 피최면자의 내면 지도를 만들었다면 이제부터는 피최면자와 함께 향하는 최면 작업의 지도를 만들어야 한다. 지금까지의 대화 주제는 주로 피최면자 자신에 대한 이야기일 것이다. 무엇을 문제라고 생각하는지, 어떠한 불편함이 있었는지, 그것에 대해 어떻게 대응했는지 등을 통해서 피최면자의 문제를 살피고 내면의 지도를 그렸다면, 이제부터는 최면 작업을 통해서 어디로 향할 것인지에 대해 이야기 하는 것이다.

최면 작업의 목표 혹은 결론이 명확하지 않다면 서로 시간을 들여 최면 작업을 하고서도 제대로 작업이 성공했는지를 알 수 없다. 무엇을 목표로 하며, 무엇을 성공한 것으로 보는지 등에 대한 정확한 정의가 필요한 것이다.

목적 설정은 NLP의 S.M.A.R.T 모델을 발달시킨 S.M.A.R.T.E.S.T 모델을 적용하도록 하자. NLP의 S.M.A.R.T 모델은 많은 서적 등으로 소개되었을 정도로 유명한 기법이다. 특히 「잘 설정된 결과(Well Formed Outcomes)」라는 형태로 정리되어 있다. 이것이 한 단계 더 발전하여 S.M.A.R.T.E.R 모델이 되었으며, 최종적으로는 그웬 클레이튼(Gwen Clayton)에 의해 S.M.A.R.T.E.S.T 모델로 발달되었다.

NLP의 S.M.A.R.T 모델은 다섯 가지 키워드를 중심으로 목적을 설정하는 방법이다. S.M.A.R.T.E.R는 여기에 외부 생테계와의 관계성(Ecology)과 결과 중심(Result Oriented)을 한 것이다. 마지막으로 그웬 클레이튼의 S.M.A.R.T.E.R는 결과 중심(R)을 제외하고 단계적(Stepped)과 가용 자원(Tools & Resources)를 더한다. 이 관계를 간단히 표로 정리하면 다음과 같다.

	S.M.A.R.T	S.M.A.R.T.E.R	S.M.A.R.T.E.S.T	질문
S	구체성(Specific)			구체적으로 얼마나?
M	계측 가능성(Measurable)			어떻게 측정을?
A	성취 가능성(Achievable)			가능한 일인가?
R	원인성(Reasoned)			왜 해야 하는가?
T	시간 제한성(Timed)			언제까지?
E		주변 친화성(Ecological)		피해는 없는가?
S			단계성(Stepped)	어떤 단계로?
T			가용 자원(Tools)	무엇을 쓸 수 있는가?

구체적이고 자세한 S.M.A.R.T.E.S.T 목적 설정법에 알고 싶다면 그웬 클레이튼의 저서인 「가장 현명한 목적 공식 - 어떻게 높은 성과를 내는 사람들이 목적을 설정하는가(Smartest Goals Formula - How High Achievers Set Their Goals)」를 참고하기 바란다.

사전 면담 : 해결중심요법

해결 중심 요법(Solution Oriented Therapy)은 문제의 원인이 아니라 해결에 초점을 두는 기법이다. 많은 사람들은 인과 관계의 늪에 빠져 있기 때문에 원인을 해결하면 자연스럽게 그 원인에 의한 문제도 해결될 것이라고 생각한다. 하지만 컴퓨터가 바이러스에 감염되었을 때, 그 바이러스를 제거해도 바이러스에 의해 삭제되거나 변동된 파일은 돌아오지 않는다. 이럴 때에는 바이러스에 의해 생긴 문제를 어떻게 해결하는가에 초점을 맞추는 것이 더 효과적이다. 해결 중심 요법은 이러한 관점에서 문제를 접근하고 있다.

이러한 접근의 효과에 대해서는 1996년에 메이저리그 최고의 투수에게 수여하는 사이 영 상을 받고 은퇴와 함께 명예의 전당에 헌액되었던 투수 존 스몰츠(John Smoltz)의 일화에서도 살펴볼 수 있다. 존 스몰츠가 슬럼프에 빠졌을 때, 그는 자신의 문제를 해결하기 위해 자신이 잘못 던졌던 투구를 확인하고 잘못된 원인을 교정하는 것에만 신경을 쓰고 있었다. 하지만 슬럼프는 계속되었고 오히려 점점 더 강해졌다. 그가 이 슬럼프를 해소한 것은 병원에서 의사가 내린 처방 덕분이었다. 의사는 그에게 가장 완벽한 투구를 했던 영상들을 계속해서 보도록 처방했고, 스몰츠는 자신의 문제가 아니라 자신의 목적과 해결된 상태에 초점을 맞추는 것으로 인해 슬럼프를 극복했다.

물론 해결 중심이 아닌 원인 중심으로 접근해야 하는 경우도 있다. 하지만 원인 중심으로 접근하는 경우 마음에 대한 깊은 이해와 함께 지금까지 설명한 것 과는 다른 방식의 접근이 필요하기 때문에 여기에서는 설명하지 않겠다. 최면에 있어서 원인 중심 요법은 차후에 출간할 서적인 「최면 분석(가제)」에서 자세히 설명할 것이다.

해결 중심 요법의 핵심은 초점을 맞추면 초점을 맞춘 대상이 점점 강해진다는 것이다. 그러므로 해결된 상태를 구체화하고 그 상태에 초점을 맞추면 점차 현재의 문제 상황에서 벗어나 해결된 상태로 나아가게 된다. 최면가가 해야 하는 것은 제대로 피최면자가 해결된 상황을 그려낼 수 있도록 적절하게 대화를 통해 자극하는 것이다.

이렇게 해결 중심 요법을 사용하는 것에는 다섯 가지 방법이 있다. 이 다섯 방법을 순서대로 적용하는 것을 통해 어떤 단계에서 해결 상황을 떠올릴 수 있다면 그 단계에서 계속 해결 상황을 구체화하고, 해결 상황을 떠올리지 못한다면 다음 단계에서 새로 해결 상황을 그리도록 시도하는 것이다.

첫 번째 단계는 최근 변화를 물어보는 것이다. 많은 경우 상담을 받겠다고 마음먹고 신청한 순간부터 변화가 일어나는 경우가 많다. 상담을 신청하는 것은 상담을 통해 무엇이 좋아질 것이고 자신의 삶이 어떻게 변할 것이라는 막연한 기대가 있다. 이 기대를 찾아내고 구체화시키는 것이 첫 단계가 된다. 그러므로 첫 번째 질문은 "상담을 신청한 뒤에 변화한 것이 있나요?"가 된다.

두 번째 단계는 미래를 상상하게 하는 것이다. 이것은 문제가 사라진 미래를 그려보도록 하는 것이다. 지금 문제가 아닌 미래의 가상적 공간에 초점을 옮기는 것이다. 두 번째 단계의 질문은 "만약 ○○이 해결되었다면, 어떨까요?"가 된다.

세 번째 단계는 현상 유지를 시킨 힘을 찾는 것이다. 미래를 그려낼 수 없다는 것은 그만큼 마음의 어둠이 강력하게 의식을 고정시키고 있다는 것을 의미한다. 현 상황이에 불만이 있음에도 계속 그렇게 있도록 만드는 힘을 찾아내는 것이다. 그러므로 정말로 힘든 상황임에도 불구하고 무엇이 그를 그렇게 버텨오게 할 수 있는가를 질문하여 그 힘을 찾아 구체화시킨다. 여기에서의 질문은 "어떻게 지금까지 견뎌 왔나요?"라거나 "그렇게 견디게 한 원동력은 뭔가요?"가 된다.

네 번째 단계는 문제를 격리시켜 문제와 피최면자를 분리시키는 것이다. 대부분의 경우 문제와 자신을 동일시하기 때문에 문제에서 생기는 고통을 고스란히 받는다. 하지만 이 단계까지 오게 되면 우선은 고통에서 벗어나 잠시 쉴 수 있게 만드는 것으로 해결로 나아가는 힘을 회복시켜야 한다. 이 격리는 문제를 명사화 혹은 과거화 시키는 것으로 격리할 수 있게 된다. 이 단계에서의 질문은 "그 (문제인 것 / 문제였던 것)이 당신을 괴롭게 하는군요?"이다.

마지막 단계까지 오게 되면 자신의 뜻으로 온 것이 아니라 주변에서 시켜서 온 경우가 많다. 하지만 상담실까지 오게 한 것은 무언가를 성취하고 원하는 것이 있기 때문에 온 것이다. 그러므로 이 단계에서는 무엇이 그를 움직이게 하였는지를 살피고 자신이 생각하고 있는 자신의 문제를 찾아내어 다시 해결 중심 요법으로 접근해야 한다. 이 단계에서의 질문은 "그러면 ○○은 왜 당신을 여기에 오라고 했을까요?"가 된다.

여기까지의 내용으로 사전 면담을 마쳤다면 피최면자의 대략적인 정신에 대한 지도와 함께 어디로 나아가야 할지에 대한 대략적인 그림이 그려지게 된다. 여기까지의 내용은 노트 등에 메모를 해 두는 것이 좋고 가능하면 워크시트 등을 만들어서 정리해두는 것이 좋다. 이렇게 워크시트를 계속 기록하고 모아두게 되면 나중에 도움이 된다.

　워크시트의 형태는 자유롭게 정리하면 되지만, 여기에서는 이러한 식으로 만들면 된다는 예시를 들어보도록 하겠다. 이 형식을 기준으로 하여 자신에게 적합하게 변형하여 사용하면 될 것이다.

일시 :
내담자명 :
상담가명 :
신청 주제 :

| B.A.G.E.L 프로파일링

B / 자세	자세	머리&어깨	호흡
A / 접근단서	비언어적 지표	목소리 템포와 높낮이	
G / 제스쳐	손이 어디를 만지는가?	손이 어디에서 움직이는가?	
E / 눈동자	눈동자가 어디를 보는가?		
L / 언어 활용	주로 사용하는 단어		
	시각	청각	체감각

| B.M.I.R 프로파일링

억양 안색 호흡 미간 입술 입꼬리 자세 혈색 눈가	

| R.O.L.E 프로파일링

R / 표상체계 O / 지향성 L / 연결성 E / 효과성	시각 우위 청각 우위 체감각 우위 　과거 지향　　　　　미래 지향 　　직렬형　　　　　　병렬형 테스트 결과 :

| 메타 모델 분석

· 삭제/왜곡/일반화 중 어떤 형태의 패턴을 가장 많이 사용하였는가?

· 주로 삭제/왜곡/일반화 하는 대상은 무엇인가?

· 메타 모델로 바로잡아줘도 다시 삭제/왜곡/일반화 하는 대상은 무엇인가?

| LAB 프로파일링 <동기 특성>

패턴 / 질문	산출 패턴 / 판단 요소(단어의 사용)
가치 기준 / ○○에서 무엇을 얻고자 합니까?	
반응 수준 / 없음	주체적 / 반응적 [판단 요소(단어의 사용)] · 주체적 : 행동, 한다, 짧고 명쾌한 표현 · 반응적 : 이해한다, 생각한다, 비단정적 표현
방향성 / 왜 (가치 기준)이 중요합니까?	목표 달성형 / 문제 회피형 [판단 요소(단어의 사용)] · 목표 달성형 : 달성한다, 획득한다, 얻는다. · 문제 회피형 : 피한다, 제거한다, 문제가 생긴다.
행동 원천 / 그 ○○을 잘 했다는 것을 어떻게 알 수 있습니까?	내부형 / 외부형 [판단 요소(단어의 사용)] · 내부형 : 자신의 느낌으로, 감각적으로, 그냥 · 외부형 : 타인의 평가, 객관적 숫자나 정보

패턴 / 질문	산출 패턴 / 판단 요소(단어의 사용)
선택 이유 / 왜 ○○을 선택했습니까?	선택지형 / 과정형 [판단 요소(단어의 사용)] · 선택지형 : 기회, 가능성, 다양성 · 과정형 : 필요성, 당위성, 순서
결정 요소 / (과거 작업)과 (현재 작업) 사이에 뭐가 다를까요?	동일성 중시형 / 차이성 중시형 / 예외가 있는 동일성 중시형 / 예외가 있는 동일성 중시형 및 차이성 중시형 [판단 요소(단어의 사용)] · 동일성 중시형 : 같다. 변화가 없다. · 차이성 중시형 : 차이, 새로움, 참신함, 변화 · 예외가 있는 동일성 중시형 : 더, ~보다, 비교적 · 예외가 있는 동일성/차이성 중시형 : 새롭게, 더욱~

| LAB 프로파일링 <행동 특성>

패턴 / 질문	산출 패턴 / 판단 요소(단어의 사용)
초점 / 없음	구체성 / 일반성 [판단 요소(단어의 사용)] 구체성 : 정확히, 엄밀하게는, 순서대로 일반성 : 대략적으로는, 일반적으로는
의식의 방향성 / 없음	자기 / 타인 [판단 요소] 자기 : 반응이 짧고 단조로움 타인 : 상대의 표정에 쉽게 반응. 쾌활하고 표정 풍부
스트레스 반응 / 스트레스를 받았던 ○○한 상황에 대해 이야기 해 보세요	감정형 / 사유형 / 선택형 [판단 요소] 감정형 : 감정에 매몰되어 감정적 표현을 반복 사유형 : 전혀 감정적이 되지 않고 상황을 표현 선택형 : 감정적이 되었다가 냉정하게 되었다가를 반복

스타일 / ○○에서 (가치 기준)에 관한 이야기를 해 보지요	독립형 / 근접형 / 협동형 [판단 요소(단어의 사용)] 독립형 : 내가, 개인적으로, 혼자 책임지고 근접형 : 다른 사람들과, 통제된 상태에서 협동형 : 우리가, 공동으로
조직 / (스타일)에서 뭐가 좋았나요?	사람 중심 / 목표 중심 [판단 요소(단어의 사용)] 사람 중심 : 사람들, 느낌, 연대감, 분위기, 반응 목표 중심 : 결과, 목표, 시스템, 도구, 임무
규칙 / ○○에서 성과가 잘 나온 방법은 무엇인가요? ○○에서 다른 사람들은 어떻게 하면 성과가 잘 나올까요?	나/나, 나/없음, 없음/나, 나/너 [판단 요소(단어의 사용)] 나/나 : 질문 1의 답과 질문 2의 답이 같음 나/없음 : 질문 2의 답에 관심이 없음 없음/나 : 질문 1의 답에 관심이 없음 나/너 : 질문 1의 답과 질문 2의 답이 다름
확인자 / 무언가 대단하다는 것을 얼마나 (보면/들으면/읽으면/해 보면) 알 수 있나요?	시각형 / 청각형 / 독해형 / 행동형 [판단 요소(단어의 사용)] 시각형 : 본다 청각형 : 듣는다 독해형 : 읽는다 행동형 : 해 본다
지각 채널 / 어떤 사람이 ○○을 잘 한다는 것을 어떻게 알 수 있나요?	시각형 / 청각형 / 체감각형 [판단 요소(단어의 사용)] 시각형 : 여러 번 본다 청각형 : 여러 번 듣는다 체감각형 : 여러 번 같이 해 본다

| 목표 설정

S / 구체성	
M / 계측 가능성	
A / 성취 가능성	
R / 원인성	
T / 시간 제한성	
E / 주변 친화성	
S / 단계성	
T / 가용 자원	

| 기타 메모 및 세션 디자인

워크시트 작성 예시

일시 : 2017 / 10 / 12
내담자명 : 홍길동
상담가명 : 손인균
신청 주제 : 잠을 잘 때마다 불안한 생각이 들어서 잠을 잘 수 없음

| B.A.G.E.L 프로파일링

B / 자세	자세 앞으로 숙임	머리&어깨 옆으로 기울임	호흡 보통 호흡
A / 접근단서	비언어적 지표 손이 가슴께	목소리 템포와 높낮이 깊고 낮은 목소리 / 느림	
G / 제스쳐	손이 어디를 만지는가? 주로 눈을 만짐	손이 어디에서 움직이는가? 턱 주변	
E / 눈동자	눈동자가 어디를 보는가? 아래쪽을 주로 바라봄		
L / 언어 활용	주로 사용하는 단어		
	시각 /	청각 ///	체감각 /////////

| B.M.I.R 프로파일링

억양	몇몇 단어에서 사투리를 사용, 특히 불안해질 때 심해짐
안색	창백하고 쉽게 붉게 됨
호흡	기본적으로 평균적인 호흡이지만, 이따금 빠르게 호흡함
미간	주제에 대해 이야기 할 때마다 미간이 찡그려짐
입술	주제에 대해 이야기 할 때마다 입술을 깨묾
입꼬리	별다른 모습은 보이지 않음
자세	앞으로 숙인 채 자신을 껴안는 행동을 자주 보임
혈색	혈색은 나빠보이지 않음
눈가	별다른 모습은 보이지 않음

| R.O.L.E 프로파일링

R / 표상체계	시각 우위 청각 우위 (체감각 우위)
O / 지향성	(과거 지향) 미래 지향
L / 연결성	(직렬형) 병렬형
E / 효과성	테스트 결과 : 체감각 1순위, 청각 2순위, 과거 경험 중심이며 한 번에 하나 씩 이야기함

| 메타 모델 분석

· 삭제/왜곡/일반화 중 어떤 형태의 패턴을 가장 많이 사용하였는가?
  - 주로 일반화를 많이 사용함. 그 중에서도 보편화 수량 패턴을 많이 사용

· 주로 삭제/왜곡/일반화 하는 대상은 무엇인가?
  - 가족과 관련된 이야기를 주로 일반화하며, 가족 내에서의 일을 전체로 일반화하는 경향이 있음

· 메타 모델로 바로잡아줘도 다시 삭제/왜곡/일반화 하는 대상은 무엇인가?
  - 아버지와 상사와 관련되어 일반화/왜곡시킴

| LAB 프로파일링 <동기 특성>

패턴 / 질문	산출 패턴 / 판단 요소(단어의 사용)
가치 기준 / ○○에서 무엇을 얻고자 합니까?	(편안함, 방해받지 않음, 안전함)

반응 수준 / 없음	주체적 / ⦅반응적⦆ [판단 요소(단어의 사용)] · 주체적 : 행동, 한다, 짧고 명쾌한 표현 · 반응적 : 이해한다, 생각한다, 비단정적 표현
방향성 / 왜 (가치 기준)이 중요합니까?	목표 달성형 / ⦅문제 회피형⦆ [판단 요소(단어의 사용)] · 목표 달성형 : 달성한다, 획득한다, 얻는다. · 문제 회피형 : 피한다, 제거한다, 문제가 생긴다.
행동 원천 / 그 ○○을 잘 했다는 것을 어떻게 알 수 있습니까?	⦅내부형⦆/ 외부형 [판단 요소(단어의 사용)] · 내부형 : 자신의 느낌으로, 감각적으로, 그냥 · 외부형 : 타인의 평가, 객관적 숫자나 정보
선택 이유 / 왜 ○○을 선택했습니까?	선택지형 ⦅과정형⦆ [판단 요소(단어의 사용)] · 선택지형 : 기회, 가능성, 다양성 · 과정형 : 필요성, 당위성, 순서
결정 요소 / (과거 작업)과 (현재 작업) 사이에 뭐가 다를까요?	동일성 중시형 / 차이성 중시형 / ⦅예외가 있는 동일성 중시형⦆/ 예외가 있는 동일성 중시형 및 차이성 중시형 [판단 요소(단어의 사용)] · 동일성 중시형 : 같다. 변화가 없다. · 차이성 중시형 : 차이, 새로움, 참신함, 변화 · 예외가 있는 동일성 중시형 : 더, ~보다, 비교적 · 예외가 있는 동일성/차이성 중시형 : 새롭게, 더욱~

| LAB 프로파일링 <행동 특성>

패턴 / 질문	산출 패턴 / 판단 요소(단어의 사용)
초점 / 없음	구체성 / (일반성) [판단 요소(단어의 사용)] 구체성 : 정확히, 엄밀하게는, 순서대로 일반성 : 대략적으로는, 일반적으로는
의식의 방향성 / 없음	(자기) / 타인 [판단 요소] 자기 : 반응이 짧고 단조로움 타인 : 상대의 표정에 쉽게 반응. 쾌활하고 표정 풍부
스트레스 반응 / 스트레스를 받았던 ○○한 상황에 대해 이야기 해 보세요	(감정형) / 사유형 / 선택형 [판단 요소] 감정형 : 감정에 매몰되어 감정적 표현을 반복 사유형 : 전혀 감정적이 되지 않고 상황을 표현 선택형 : 감정적이 되었다가 냉정하게 되었다가를 반복
스타일 / ○○에서 (가치 기준)에 관한 이야기를 해 보지요	독립형 / (근접형) / 협동형 [판단 요소(단어의 사용)] 독립형 : 내가, 개인적으로, 혼자 책임지고 근접형 : 다른 사람들과, 통제된 상태에서 협동형 : 우리가, 공동으로
조직 / (스타일)에서 뭐가 좋았나요?	(사람 중심) / 목표 중심 [판단 요소(단어의 사용)] 사람 중심 : 사람들, 느낌, 연대감, 분위기, 반응 목표 중심 : 결과, 목표, 시스템, 도구, 임무

규칙 / ○○에서 성과가 잘 나온 방법은 무엇인가요? ○○에서 다른 사람들은 어떻게 하면 성과가 잘 나올까요?	나/나, 나/없음, 없음/나, 나/너 [판단 요소(단어의 사용)] 나/나 : 질문 1의 답과 질문 2의 답이 같음 나/없음 : 질문 2의 답에 관심이 없음 없음/나 : 질문 1의 답에 관심이 없음 나/너 : 질문 1의 답과 질문 2의 답이 다름
확인자 / 무언가 대단하다는 것을 얼마나 (보면/들으면/읽으면/해 보면) 알 수 있나요?	시각형 / 청각형 / 독해형 / 행동형 [판단 요소(단어의 사용)] 시각형 : 본다 청각형 : 듣는다 독해형 : 읽는다 행동형 : 해 본다
지각 채널 / 어떤 사람이 ○○을 잘 한다는 것을 어떻게 알 수 있나요?	시각형 / 청각형 / 체감각형 [판단 요소(단어의 사용)] 시각형 : 여러 번 본다 청각형 : 여러 번 듣는다 체감각형 : 여러 번 같이 해 본다

목표 설정	
S / 구체성	하루 6시간~8시간의 수면
M / 계측 가능성	시중의 수면측정기를 이용
A / 성취 가능성	가능성은 있다고 보고, 내주의 세션을 하기로 함
R / 원인성	일과시간 중 업무 효율의 저하
T / 시간 제한성	2개월 이내
E / 주변 친화성	없음
S / 단계성	수면의 불안감 소거 → 수면의 편안함 강화 → 기타 내면적 방해요소 제거
T / 가용 자원	수면 안대, 아로마, 족욕기

| 기타 메모 및 세션 디자인

- 꽤 오랫동안 적극적 경청을 해야 했음. 쌓여있는 압력이 높은 것으로 추측됨
- 해결중심요법으로 쉽게 미래의 모습을 그려내지 못함. 3단계의 현 상태를 유지시키는 힘을 물었을 때 "자신이 해야 할 일을 마쳐야 한다."라고 답함
- 이야기를 하면서 가슴의 답답함을 호소함
- 파트 테라피를 중심으로, 순수의식 기법을 훈련시킴
- 세션을 받지 않을 때에는 순수의식을 스스로 해 보도록 권함

세션 디자인

사전 면담을 마쳤다면 그 문제의 형태와 목적에 따라 이제 어떠한 기법으로 내담자의 정신에 접근할지를 결정해야 한다. 이를 위한 방법은 매우 다양하며 다양한 효과를 가지고 있지만 여기에서는 세 가지 상황에 따른 세 가지 기법으로의 접근 경로를 설명하고자 한다. 하지만 이것은 지표로 사용하는 것이지 절대적인 법칙은 아니므로 최종적으로는 최면가의 직관을 따르는 것이 좋다.

우선은 나타나는 현상을 크게 충동성과 관련된 문제인지, 신체적으로 나타나는 문제인지, 정서/감정적으로 나타나는 문제인지를 나눈다. 충동성과 관련된 문제란 갑자기 솟아 올라오는 충동이 스스로를 괴롭히거나 충동을 자제하지 못하거나 하는 문제를 말한다. 신체적으로 나타나는 문제란 결과적으로 신체적인 긴장 혹은 신체적인 반응(땀, 체온이 떨어짐, 경직 등)이 나타나는 문제를 말한다. 정서/감정적인 문제란 결과적으로 슬픔, 분노, 무기력 등의 비신체적이고 감정적인 반응으로 나타나는 문제를 말한다.

이 세 가지 반응에 따라 각기 다른 접근을 취한다. 우선 충동적 문제는 톰 스톤(Tom Stone)의 순수의식(Pure Awareness) 기법을 적용한다. 신체적 문제는 공간적으로 마음을 접근하는 파트 테라피(Part Therapy)를 적용한다. 감정/정서적 문제는 시간적으로 마음을 접근하는 리그레션(Regression)을 적용한다. 또한 섬냄뷸리즘 이후 워킹 스테이트 단계에서 최면 마취에 쉽게 반응했다면 파트 테라피, 웃게 하기에 쉽게 반응했다면 리그레션으로 접근하는 것도 가능하다.

이렇게 대략적인 가이드라인을 잡아두면 당황하지 않고 어떠한 기법으로 피최면자의 마음에 접근할 수 있을지를 그려낼 수 있을 것이다. 그러면 이제부터는 여기에서 설명하는 세 가지 치유 기법들을 구체적으로 설명하도록 하겠다.

▌ 최면 치유 테크닉 #1 : 순수의식

순수의식은 자기계발 코치인 톰 스톤(Tom Stone)이 개발한 기법이다. 본래 이 기법은 자기계발과 스트레스 해소 등을 위한 기법으로 정리된 것이지만 최면과 함께 사용하면 상당한 시너지 효과를 내게 된다. 여기에서는 순수의식 기법 그 자체를 설명하기 보다는 순수의식을 최면적으로 사용할 수 있도록 정리하여 설명하도록 하겠다.

순수의식의 기법들은 여덟 가지로 나누어진다. 갭(GAP), 아가페(AGAPE), 산야마(SANYAMA), 원더(WONDER), 웨이트(WAIT), 씨(SEE), 코어(CORE), 지피에스(GPS)가 바로 그것이다. 우선 각 기법들에 대해 설명한 뒤에 이것을 어떠한 상황에 어떻게 적용하는지에 대해 알아보도록 하자.

1) 갭(GAP)

갭은 「거대한 의식 공간(Greater Awareness Place)」의 머릿글자를 딴 것이다. 다른 순수의식 테크닉의 이름들도 이런 식으로 머릿글자를 따서 만들어졌다. 이 기법은 생각의 배경과 여백에 의식을 두는 것이다. 마치 생각이 구름이라면, 구름의 배경이 되는 하늘에 의식을 두는 것이다. 즉 생각과 그렇지 않은 부분으로 나누고 생각이 아닌 것에 의식을 두는 것으로 정신과 마음을 고요하게 두는 것이다.

2) 아가페(AGAPE)

아가페는 「어디에나 있는 거대한 의식 공간에 접속함(Accessing Greater Awareness Place Everywhere)」이다. 이것은 갭에서 느꼈던 고요함을 더욱 넓은 곳으로 퍼뜨려서 느끼는 것이다. 앞에서 생각을 구름이라고 비유했지만 사실 구름이란 전체 우주에서 지구라고 하는 아주 작은 곳에서만 볼 수 있는 것이다. 그 배경이 되는 하늘(=우주)는 아주 작은 구름을 제외하고는 다른 모든 공간에 존재하고 있다. 그러므로 그 고요함 역시 몸 전체와 지금 내가 있는 공간, 더 나아가서는 우주 전체까지 이 고요함을 퍼뜨리는 것이다.

3) 산야마(SANYAMA)

산야마는 「자동적으로 드러나는 정답을 인지하는 고요한 의식(Silent Awareness Notices Your Manifesting Automatically)」을 의미한다. 이것은 어떠한 소망이나 질문을 묻고 그에 대한 대답을 듣는 것이다. 상담 상황에서는 '○○이라는 목적을 이루려면 어떻게 해야 하는가?' 등의 질문을 하면 될 것이다. 이 질문은 갭과 아가페 상태에서 질문을 던지는 것으로, 답을 만들어내는 것이 아니라 답이 자연스럽게 떠오를 때 까지 기다리는 것이다.

4) 원더(WONDER)

원더는 「감정적 반응 중에 중립 상태로 기다리기(Wait on Neutral During Emotional Reaction)」의 약어이다. 이것은 자신이 감정적으로 반응하거나 스스로 끊지 못하는 행동을 하려고 할 때 자신에게 연결된 코드를 뽑아버리고 모든 기능을 정지시키는 것이다. 마치 작동하고 있는 컴퓨터의 코드를 뽑으면 모든 기능이 정지되는 것처럼 자신에게 에너지를 주는 전기 코드가 있고 그 코드를 뽑는 것을 상상하여 자신에게 주입되는 에너지가 끊어지고 전원이 끊어진 상태를 만드는 것이다.

5) 웨이트(WAIT)

웨이트는 「직관적 진실에 접속하기를 기다림(Waiting Accesses Intuitive Truth)」이라는 의미이다. 이것은 원더를 실행하여 전원이 끊어져 반응하지 못하게 된 상태에서 자신이 전원이 끊어지기 전에 하려고 했던 것을 바라보는 것이다. 그렇게 되면 무엇이 그것을 하게 만드는 원인이었는지를 확인할 수 있다.

6) 씨(SEE)

씨는 「측면 입구 확장(Side Entrance Expansion)」의 약어이다. 원더와 웨이트를 행한 뒤에 이어서 행한다. 웨이트가 자신의 충동을 바라보았다면, 그 충동성을 최대한 넓혀본다. 최대한 확장될 수 있는 곳까지 이 충동성과 느낌이 확장되었다면 그 경계를 인지할 수 있을 것이다. 이 경계의 안쪽에는 여전히 충동성과 느낌이 남아있지만 그 너머에는 갭에서 느낀 것과 같이 고요함이 머물러 있게 된다. 이 고요함에 의식을 두고 있으면 된다.

〈 충동성의 영역을 느낌 〉

〈 충동성의 영역이 넓어짐 〉

7) 코어(CORE)

쿠어는 「잔여 에너지의 중심(Center of Remeining Energy)」의 약어이다. 어떠한 충동 혹은 감정이나 느낌이 느껴질 때, 그것이 몸의 어디에서 느껴지는지 인지하고 그 중심부를 향해 계속 의식을 들어가도록 하는 것이다. 이렇게 들어가면서 중심에 이르르게 되면 태풍의 눈은 매우 조용한 것처럼 갭 혹은 아가페에서 느꼈던 고요함을 느낄 수 있게 된다. 이 고요함에서 머물러 있으면 충동과 감정, 느낌은 저절로 사라지게 된다.

〈 태풍의 눈 〉

8) 지피에스(GPS)

   지피에스는 「부드러운 자극 시스템(Gentle Provocation System)」을 의미한다. 이는 아직 남아있는 감정 혹은 충동을 찾아서 청소하는 방법이다. 기법적으로는 갭, 아가페, 산야마를 조합한 것이다. 갭 혹은 아가페를 통해 고요함에 머무른 상태에서 "아직 남아 있는 감정/충동이 있는가?"를 산야마 기법으로 질문하고 떠오른 답에 대하여 다시 다른 기법들을 적용한다.

앞에서도 설명했지만 순수의식은 충동성을 다루기 위해 사용한다. 예를 들어 갑자기 아무런 이유 없이 화가 나는 경우가 있는가 하면 무언가를 하려고만 하면 갑자기 전신을 무기력감이 감싸는 등의 경우가 있다. 혹은 이 충동성이 어떠한 행동이나 행위로까지 발전하는 경우가 있다. 이렇게 충동성이 발생하고 그것이 행동으로 나타나는 주제를 다룰 때 순수의식 기법을 사용한다.

그러면 어떻게 순수의식을 적용시킬까? 앞에 설명한 여덟 가지 기법을 한꺼번에 사용하는 것이 아니라 충동성의 종류를 세 가지로 나누어 그에 맞추어 적합한 기법을 적용시킨다. 가장 우선적으로 충동성은 일어났지만 그것이 자신의 감정이나 정서를 장악하지 않고 아직 행동이나 행위로 나타나지 않은 상황이 있다. 이 때에는 갭, 아가페, 산야마 기법을 이용하여 고요함으로 되돌리는 훈련을 한다. 두 번째로는 충동성이 일어나서 정서와 감정을 장악했지만 아직 자신을 제어할 수 있는 힘이 남아있는 경우이도. 이 때에는 코어와 지피에스 기법을 사용한다. 마지막으로 충동성으로 인해 아무런 제어력이 작동하지 않고 바로 행동/행위로 나타나는 경우가 있다. 이 때에는 원더, 웨이트, 씨를 사용한다. 간단히 정리하면 이렇다.

· 충동성 발생 직후 / 멈출 수 있고 행동과 행위는 일어나지 않음 : 갭(GAP), 아가페(AGAPE), 산야마(SANYAMA)
· 충동성 발생 및 확장 / 제어력은 있지만 감정과 정서를 장악함. 행동이나 행위는 일어나지 않음 : 코어(CORE), 지피에스(GPS)

· 충동성에 의한 행동과 행위 발생 : 원더(WONDER), 웨이트(WAIT), 씨(SEE)

최면 치유 테크닉 #2 : 시간적 접근

피최면자의 문제에 대하여 시간적으로 접근하는 것은 모든 현상에는 그 원인이 있다는 생각에서 유래한다. 그러므로 시간적 접근은 어떠한 증상의 원인이 되는 사건으로 되돌아가 그 원인을 해소하는 것을 기본적인 치유 방법으로 삼는다. 이렇게 시간을 중심으로 원인을 찾아 해소하는 기법들이 모두 시간적인 접근이며 감정 혹은 정서적인 문제일 경우에 사용하게 된다.

1) 리그레션(Regression)

리그레션이란 어떠한 문제의 원인이 되는 과거의 사건으로 되돌아가 그 사건으로 인해 생긴 마음의 상처를 치유하는 기법을 말한다. 리그레션에서 현재 체험하는 문제는 과거에 체험했던 사건이 원인이 되어서 잠복한 상태에서 어떠한 자극을 통해 격발된 것이라고 본다. 그러므로 과거의 잠복한 사건을 찾아서 그 사건이 더 이상 마음 속에서 작동하지 않도록 하면 현재의 문제도 작동하지 않는다는 구조를 취한다.

리그레션에서 핵심은 최초의 사건으로 되돌아가는 것이다. 리그레션을 할 때 가장 어려운 것이 바로 그 사건이 정말로 최초 사건인가 하는 것이다. 실제로 우리는 수많은 기억들을 가지고 살아가고 있으며, 이 기억들은 서로 거미줄처럼 얽혀있다. 그러므로 하나의 기억이 여러 가지 기억의 원인이 되기도 하며 동시에 다른 기억에 의해 촉발된 기억이기도 하다. 이러한 거미줄과 같은 기억을 더듬어가며 최초의 원인이 되는 기억을 찾아야 하는 것이다.

최면에서는 이러한 기억의 구조에 대해서 ISE와 SSE라는 개념으로 설명하고 있다. ISE(Initial Sensitizing Event)는 해당 문제의 근본적인 원인을 말한다. SSE(Subsequent Sensitizing Event)란 ISE가 일어난 후에 일어난 사건들로, ISE와 관련된 증상이나 감정, 인식 등을 강화하게 되는 사건들을 말한다.

즉, 시간적으로 보게 된다면 가장 먼저 ISE가 발생한다. 그 뒤에 여러 가지 사건들이 SSE가 되면서 ISE에서 체험하고 학습한 것을 강화시킨다. 이렇게 강화된 체험이나 학습이 일정 임계치를 넘게 되면 증상이나 감정상 문제로 나타나게 되는 것이다.

예를 들자면, 어렸을 때 친구들과 숨바꼭질을 하던 중에 친구들이 자신만 놓고 집에 갔던 경험을 ISE라고 해 보자. 이 때의 체험을 통해 피최면자는 '사람들에게 나라는 존재를 기억시키지 않으면 버림받는구나.'라는 생각을 갖게 된다. 하지만 이 때 가진 생각은 매우 약하고 흐릿한 상태이기 때문에 증상이나 문제를 일으키지 않는다. 하지만 살아가면서 여러 가지 경험들을 통해서 이 ISE와 유관한 체험을 하게 된다. 학교에서 조별 발표를 할 때 무시당한다거나, 친구들과 축구를 하는데 자신에게만 패스가 오지 않는다거나 하는 다양한 체험들이

ISE를 강화시키는 SSE가 된다. 그리고 ISE가 여러 SSE를 통해 강화되고 일정 이상의 강화가 이루어지게 되면 그 믿음이 어떠한 증상을 일으키게 된다.

이러한 구조로 시간적인 배치가 되어 있으므로 리그레션은 현재와 가장 가까운 SSE를 찾는 것에서 시작한다. 가장 최근에 그 문제나 증상이 발생했을 때 혹은 동일한 감정이나 정서를 느꼈을 때를 떠올리게 하고 그 상태를 묘사하면서 느끼는 감정에 집중시킨다. 이러한 식으로 점차 현재에서부터 먼 과거의 사건들을 떠올려간다.

일정 이상으로 감정이 강해지고 떠올리는 SSE가 사건 중심이 아니라 감정과 정서 중심으로 바뀌게 되면 ISE로 향할 수 있는 감정적 에너지가 충분히 생성된 것이다. ISE로 향할 때에는 "내가 셋을 세면, 그 감정/느낌을 가장 처음에 느꼈던 때로 돌아갑니다. 하나, 둘, 셋!"과 같은 방식으로 ISE로 향한다. 여기에서 가장 중요한 것은 특정한 트리거에 의해 가장 처음 그 느낌을 느꼈던 때로 돌아간다는 것이다.

ISE로 향하게 했으면 이제부터는 피최면자가 당시의 상황을 그려낼 수 있도록 도와줘야 한다. 이 때 가장 처음 하는 질문은 "낮인가요? 밤인가요?" 혹은 "밝은가요? 어두운가요?"를 묻는 것이다. 여기에 대답을 하게 되면 "건물 안에 있나요? 밖에 있나요?"를 묻고 "혼자 있나요? 여럿이 있나요?"를 묻는다. 이 질문들은 기본적인 배경을 확인하는 것이며 피최면자가 쉽게 내적인 이미지를 구축할 수 있도록 도와준다.

피최면자가 대략적으로 이미지를 구축할 수 있게 되었다면 무슨 일이 일어나고 있는지, 몇 살 때의 일인지 등을 물어서 조금 더 구체적으로 상황을 파악할 수 있도록 한다. 이 때 나이가 7살 이상이라면 ISE가 아닐 가능성이 많으므로 다시 한 번 ISE를 향해서 갈 수 있도록 유도해야 한다. 이렇게 우선적으로 ISE를 그려내야 다음으로 치유 작업을 할 수 있다.

  ISE의 상황과 배경을 그려낼 수 있다면 당시의 어린 자신이 가진 감정이나 느낌을 느끼고 표현하도록 한다. 또한 그 때에 무엇을 필요로 했는지, 무엇이 부족했는지를 명확하게 표현할 수 있도록 한다. 이 때, 감정적으로 억누르고 있다거나 참고 있다면 그것을 방출하고 배출하도록 하는 것이 원만한 최면 치유에 도움이 된다.

  ISE에서 어렸을 때의 자신이 필요한 것을 주거나 이뤄주는 것으로 그 당시의 자기 자신을 치유하고 지킬 수 있도록 한다. 대부분은 이 때 안전함, 감정의 표현, 지원/서포트를 필요로 하는 경우가 많다. 어릴 때의 자신이 필요하는 것을 가지고 있게 한 뒤에 당시의 기억을 새로 쓰도록 한다. 당시에 가졌던/가지고 있지 않던 것으로 혹은 했던/하지 않았던 것으로 인해 마음에 상처를 입었으므로 그 원인이 제거되었으면 상황이 어떻게 다르게 흘러갔을 것인지를 새로이 그려서 새로운 기억을 정착시키도록 한다.

  이렇게 새로운 기억을 정착시킨 뒤에 다시 현재로 돌아와 최근에 동일한 문제를 느꼈을 때를 떠올리게 한다. 이 때 그 느낌이 줄어들었거나 사라졌다면 제대로 ISE를 찾아내서 해결한 것이다. 만약 느낌이 줄어들거나 사라지지 않았다면 ISE가 아닌 SSE로 갔던 것이다. 이 경우에는 동일한 방법을 다시 시도하여 ISE로 향하도록 한다.

  만약 느낌이 줄어들기만 하고 완전히 사라지지 않았다면 다시 그 느낌을 기준으로 하여 SSE를 찾아내고 다른 ISE로 향한다. 많은 경우 하나의 ISE를 해결하게 되면 다른 ISE가 드러나게 된다. 그러므로 여러 가지 ISE를 찾아내는 작업을 반복하면 완전히 그 문제 혹은 증상이 사라지게 할 수 있다.

:: 리그레션 플로우 차트 ::

1단계 : 최면 유도
2단계 : 최근에 해당 증상/느낌을 느꼈던 때를 떠올리도록 한다.(SSE)
3단계 : 상황이 아닌 정서와 느낌을 주로 표현할 때 까지 SSE를 반복하여 떠올린다.
4단계 : "이제 그 느낌을 느꼈던 최초의 사건으로 돌아갑니다."로 최초 사건(ISE)로 간다.
5단계 : 밝은지/어두운지, 실내인지/실외인지, 혼자인지/여럿인지 등으로 배경을 파악한다.
6단계 : 몇 살인지, 어떠한 일이 일어나고 있는지로 상황을 파악한다.
7단계 : 당시의 자신이 무엇을 느끼고 있는지, 무엇이 필요한지를 확인한다.
8단계 : 7단계에서 필요한 것을 해소한다.
9단계 : 과거 사건의 문제가 해결되었다면 그 사건이 어떻게 되었을지 다시 그려본다.

10단계 : 현재로 돌아와 문제가 줄어들었거나 사라졌는지 테스트한다.

〈 리그레션 〉

2) 프로그레션(Progression)

프로그레션은 리그레션과는 반대로 미래의 일이 원인이 되어서 현재에 문제를 일으키는 것이다. 이는 자주 일어나는 현상은 아니지만 여러 번 리그레션을 해도 문제가 해결되지 않는 경우 가끔 프로그레션이 일어나면서 문제가 해결되는 경우가 있다.

프로그레션은 대부분 피최면자가 스스로 가지고 있는 미래상으로 인해 현재의 문제가 일어나는 경우가 대부분이다. 예를 들면, 피최면자 스스로가 자신이 미래에 주변 사람들에게 큰 피해를 입힐 것이라고 근거 없이 확신하는 경우가 있다면, 자기 자신이 그렇게 되지 않도록 만들기 위해 스스로를 괴롭힌다. 혹은 미래에 일어날 일에 대한 죄의식으로 스스로가 스스로를 괴롭히기도 한다. 이렇게 아직 일어나지 않은 미래에 대한 걱정과 죄의식으로 인해 문제와 증상을 만들어 낸다.

이 경우 실제 치유의 방법은 리그레션과 동일하다. 하지만, 그 유도의 방법에 있어서 리그레션과는 조금 다른 방식을 사용한다. 리그레션에서는 최초 사건으로 되돌아갔지만, 프로그레션에서는 "이 문제가 미래의 일 때문에 일어날 것이라면, 내가 셋을 세면 그 미래의 일로 갑니다."라고 사용한다.

그렇다면 언제 프로그레션을 적용시킬까? 우선 프로그레션은 리그레션을 진행한 뒤에 효과가 없을 때 진행한다. 또한, 무엇보다 리그레션으로 만들어낸 ISE에서 아무런 감정이 느껴지지 않고 단순히 서술만 하고 있을 경우는 리그레션에 치유해야 할 감정적인 맺힘이 없는 것이므로 미래로 시간을 옮겨 보는 것도 유의미한 접근이 될 것이다.

3) 시간선 요법(Time Line Therapy)

시간선 요법은 미국의 최면가이자 NLP 트레이너인 테드 제임스(Tad James)가 개발한 기법이다. 시간선 요법은 시간이라는 추상적인 개념을 공간상에 놓아두는 것으로 리그레션과 프로그레션을 하거나 시간을 오가면서 작업하기를 쉽게 하는 방법이다.

시간선을 그려내는 것은 두 가지 방식이 있다. 무엇이 더 낫고 아니고를 이야기 하는 것이 아니고 사람마다 그려내는 방식이 다르므로 우선 피최면자가 어떠한 방식으로 시간선을 그려내는지 확인할 필요가 있다.

첫 번째 방식은 좌우로 시간선을 그리는 경우이다. 대부분은 과거가 좌측, 미래가 우측에 놓이지만 반대로 과가거 우측, 미래가 좌측에 놓이는 경우가 있다. 두 번째 방식은 전후로 시간선을 그리는 경우이다. 이 역시 대부분은 과거가 뒤쪽에, 미래가 앞쪽에 놓이지만 반대로 배치하는 경우도 있다.

시간선을 확인하는 방법은 간단하게 과거의 사건을 떠올리고 미래를 상상하게 테스트하면 된다. 눈동자로 확인하는 방법 등도 있지만, 피최면자에게 물어보고 확인하는 것이 가장 확실하다. 과거를 떠올렸을 때 과거가 전후좌우 중 어디에 떠오르는지, 미래를 떠올렸을 때 미래가 전후좌우 중 어디에 떠올리는지를 물어보고 그 둘을 잇는 직선을 그리면 그것이 시간선이 된다.

시간선의 가장 큰 장점은 시간이라는 추상적인 개념을 인지할 수 있는 대상으로 만들었다는 것이다. 그러므로 리그레션을 할 때 머릿속에 시간선을 그리고 시간선 위를 따라 걷게 하는 것으로도 리그레션이 가능하다. 시간선을 그리면서 시간선이 곧고 선명하게 그려지지 않고 구불거리고 희미하게 그려진 곳이 생긴다면 그곳을 살펴보는 것으로 문제가 되는 지점을 파악하는 등의 기법들도 가능하다.

4) 전생 요법(Past-Life Regression)

　우리나라에서 최면이라고 하면 가장 먼저 떠오르는 것 중 하나가 바로 이「전생」일 것이다. 나를 최면가라고 소개하면 가장 많이 묻는 질문 중 하나가 "정말로 최면으로 전생을 볼 수 있나요?"이기도 하다.

　실제로 최면으로 전생을 유도하는 것은 가능하다. 하지만 최면적 관점에서 이 전생이 일반적으로 말하는 전생과 같은 개념은 아니다. 왜냐하면 최면에서 바라보는 전생이란 마음에 새겨진 상처가 자신의 힘으로는 견디거나 받아들일 수 없을 정도로 크기 때문에 시간적으로 자신에게서 분리시킨 것이기 때문이다. 즉 너무나도 큰 상처 혹은 트라우마가 있을 때, 그 일이 너무나도 큰 사건이기 때문에 그 사건의 원인을 현재 자신의 시간선 내에 놓아두기에는 너무 부담이 크다. 그러므로 전생이라고 하는 개념을 사용하여 지금의 자신이 아닌 전생의 자신에게 그 원인이 있다고 분리시키는 것이다.

　하지만 그것과는 별개로 전생 요법은 제대로 사용할 경우 상당히 효과적인 결과를 내곤 한다. 많은 사람들이 현재 자신의 문제에 대한 원인이 자신에게 있다고 하는 것은 받아들이기 어렵지만, 그 원인이 전생의 자신에게 있다고 하면 더 쉽게 받아들일 수 있기 때문이다.

　전생의 유도는 리그레션과 크게 다르지 않다. 전생을 유도할 때에는 리그레션에서 ISE를 유도하는 문구를 "이 일을 최초로 경험했던 때로 돌아갑니다. 하지만, 지금과는 다른 시간, 다른 공간, 다른 사람의 인생으로 돌아갈 수도 있습니다."라고 유도한다. 즉, 피최면자의 시간선에 전생이라고 하는 새로운 시간선을 추가한 뒤에 ISE를 유도하는 것이다.

전생 유도의 최면적 치유는 리그레션과 크게 다르지 않다. 하지만, 한 가지 다른 점이라고 한다면 전생의 마지막 순간을 보면서 그 삶에서 배운 것이 무엇이며, 그것이 지금의 자신에게 어떻게 전해지고 있는지를 알아보는 「임종 기법」이 추가된다. 임종 기법을 통해 피최면자는 자신이 가지고 있는 내적인 자원을 한 가지 더 찾아서 사용할 수 있게 되며, 이 힘을 이용하여 자신의 다른 문제들이 해결되기도 하기 때문이다.

최면 치유 테크닉 #3 : 공간적 접근

시간적인 접근이 감정이나 느낌을 중심으로 접근하는 것이라면, 공간적으로 접근하는 것은 신체적인 증상으로 나타나는 것을 중심으로 접근한다. 만약 어떤 증상의 결과로 신체적인 변화가 나타나거나 신체적인 감각으로 증상이 나타난다면 공간적인 접근을 시도해 보는 것이 좋다.

1) 파트 테라피(Part Therapy)

공간적 접근의 기본형은 파트 테라피(Part Therapy)이다. 파트 테라피란 특정 기능을 하고 있는 우리 마음의 일부(Part)를 치유하는 것으로 체험하는 증상과 문제를 해결하는 것이다. 즉 리그레션이 증상과 문제의 원인이 과거의 사건에 있다고 본다면 파트 테라피는 정신의 일부가 오작동을 일으키고 있다고 있는 것으로 보는 것이다.

파트 테라피에서는 마음을 여러 가지 부분(Part)의 총합으로 본다. 마치 한 대의 컴퓨터에 여러 종류의 소프트웨어가 설치되어서 각자의 기능을 하는 것처럼 우리의 마음 역시도 여러 가지 부분들이 각자의 기능을 하고 있는 것이다. 하지만 프로그램 오류가 생겼을 때 다른 프로그램에도 영향을 주거나 반복적인 에러 메시지가 나기도 한다. 이처럼 우리의 마음에서 기능하는 특정한 부분이 오류가 생기거나 잘못 기능할 때에는 여러 가지 불편함을 일으키는 것이다.

이러한 우리 마음의 일부를 파트(Part)라고 칭한다. 다른 파트들과 조화되지 않고 계속해서 불협화음을 내고 있는 파트를 찾아내어 조화될 수 있도록 하는 것이 파트 테라피이다.

〈 정신 속 여러 가지 파트들 〉

파트 테라피의 기본은 자신이 느끼는 느낌을 외부 공간에 캐릭터로 만드는 것이다. 이렇게 외부에 그려낸 캐릭터와 소통하고 캐릭터를 변형시키는 것으로 치유가 일어난다. 마치 리그레션에서 과거의 풀지 못했던 숙제를 해결하는 것으로 과거의 내적 기록을 다시 쓴 것처럼 파트 테라피는 마음 속의 파트를 불러내어 파트가 다른 파트들과 조화롭게 기능할 수 있도록 다시 그 모습을 고쳐주고 자아의 일부로 통합될 수 있도록 하는 것이다.

파트 테라피의 첫 단계는 느껴지는 감각에 집중하는 것이다. 가능하다면 그 문제나 증상이 일어났을 때를 떠올리는 것으로 느낌을 일으키고 그 느낌을 강하게 만드는 것이 좋다. 최종적으로는 당시의 상황은 떠오르지 않더라도 느낌이 강렬하게 느껴질 수 있게 한다.

두 번째 단계는 느낌에 몰입한 상태에서 자문자답 하는 것으로 캐릭터를 만드는 것이다. '이 느낌을 ○○하면 무슨 느낌일까?'라고 자문자답한다. 예를 들면, '이 느낌을 손으로 만져보면 무슨 느낌일까?'라거나 '이 느낌을 손으로 눌러보면 무슨 느낌일까?', '이 느낌을 색으로 표현한다면 무슨 느낌일까?', '이 느낌이 크기는 얼마나 클까?'와 같이 스스로 질문하고 그것에 대한 답을 해 보도록 한다.

캐릭터로 만드는 단계에서 사용하는 주제는 주로 촉감(감촉, 질감, 눌렀을 때의 느낌), 후각(향), 시각(색, 크기, 모습)이다. 이 외에도 청각이나 미각 등의 다른 오감을 사용할 수 있다면 활용하는 것이 좋다.

자신의 외부에 캐릭터를 그려낼 수 있게 된다면 파트 테라피의 시작점을 통과한 것이다. 이렇게 그려낸 캐릭터의 각 요소들은 마음의 일부가 투영된 것이므로 각각이 매우 큰 심리적 에너지를 가지고 있다. 그러므로 제대로 캐릭터를 그렸다면 이 단계에서 캐릭터의 구성 요소(색, 크기 등)을 변화시킨다 해도 심리적 에너지가 해소된 것이 아니기 때문에 단순히 상상에 불과한 구성 요소가 마음대로 변화하지 않는다. 만약 쉽게 대상이 변화한다면 그것은 제대로 느낌에 몰입하여 증폭시키지 않은 것이므로 다시 느낌에 되돌아가 느낌에 몰입하도록 해야 한다.

파트 테라피의 종착점은 그려낸 파트의 모습이 긍정적인 다른 모습으로 변하는 것이다. 예를 들어 파트의 모습이 불을 뿜는 용이었다면 부드러운 흰 털을 가진 작은 고양이로 바꿀 수 있다면 파트 테라피가 종료된 것이다. 하지만 앞에 이야기 했던 것처럼 이 각각의 구성요소는 일정 이상의 심리적 에너지를 가지고 있기 때문에 쉽게 의도에 따라 변화하지 않는다. 그러므로 파트 테라피의 핵심은 이렇게 그려낸 파트의 심리적 에너지를 낮추는 부분에 있다.

파트의 심리적 에너지는 파트와 소통하는 것으로 낮출 수 있다. 파트의 에너지가 높은 이유는 그 자체로 고립되어 있고 다른 파트 및 자아와 소통하지 못하기 때문이다. 그러므로 파트가 가지고 있는 심리적 에너지는 고여 있는 상태로 점점 높아질 뿐이므로 파트와 소통할 수 있게 된다면 자연스럽게 파트가 가지고 있는 에너지가 낮아지고 파트를 변화시킬 수 있게 된다.

파트와의 소통은 최면자가 피최면자를 통해서 파트와 소통한다. 이때에는 마치 소개자를 가운데에 둔 상태에서 첫 만남을 가진 것처럼 소개자를 중심에 두고 소통한다. 파트의 기분을 물어보고 왜 그러한 모습인지 등의 가벼운 이야기를 하면 파트와 관계를 쌓는다.

점차 파트와 관계가 형성되면 조금씩 피최면자에게 파트의 모습을 바꿔보도록 한다. 점점 파트와 이야기하면서 파트가 가진 심리적 에너지가 소통을 통해 빠져나오기 때문에 아주 작은 부분부터 조금씩 변화가 가능해진다. 예를 들면 색상을 검정색에서 파란색으로 바꾼다거나 질감을 거칠거칠한 느낌에서 부드러운 느낌으로 바꾸거나 하는 식으로 전체를 바꾸는 것이 아닌, 일부를 조금씩 바꾸면서 최종적으로 완전히 변화된 모습이 되도록 한다.

이 결과 파트의 모습이 완전히 바뀌었으면 파트에게 피최면자의 정신 속에 통합되어서 일부로 작동할 수 있는지를 묻는다. 만약 여기에서 통합되지 않는다면 여전히 파트는 그 자체로 독립된 상태가 되므로 언젠가는 같은 일을 다시 일으키게 된다. 그러므로 지금처럼 분리된 상태가 아니라 통합적인 정신의 일부로 돌아오도록 해야만 제대로 마무리를 할 수 있다.

이렇게 파트가 정신에 통합된다면 다시 그 증상이나 느낌을 느꼈던 때를 떠올리고 같은 느낌이 드는지 혹은 변화가 있는지 확인한다. 이 느낌이 완전히 사라질 때 까지 여러 파트를 불러내어 소통하고 변화시켜 통합시키는 과정을 반복한다.

:: 파트 테라피 플로우 차트 ::

1단계 : 최면 유도
2단계 : 최근에 해당 증상/느낌을 느꼈던 때를 떠올리도록 한다.

3단계 : 그 느낌에 집중하여 느낌을 점점 더 강하게 느끼도록 한다.

4단계 : 그 느낌의 모습을 자문자답을 통해 외부에 그려낸다.

5단계 : 피최면자를 중간에 둔 상태로 파트와 소통한다.

6단계 : 파트와 어느 정도 소통하면 파트의 일부분을 바꿔본다.

7단계 : 6단계의 변화를 파트 전체가 바뀔 때 까지 반복한다.

8단계 : 피최면자의 정신에 통합되도록 한다.

9단계 : 다시 증상/느낌을 느꼈던 때를 떠올리고 완전히 사라질 때 까지 반복한다.

2) 코어 트랜스포메이션(Core Transformation)

코어 트랜스포메이션은 파트 테라피를 코리내 안드레아스(Connirae Andreas)가 변형, 발전시킨 기법이다. 여기에서는 NLP의 기본 전제 중 하나인 「모든 행동에는 긍정적인 의도가 있다.」를 통해 파트와의 작업을 진행한다.

모든 행동에 긍정적인 의도가 있다는 것은 아무리 파괴적이고 불이익만 가득한 행위를 한다 해도 그 깊은 중심에서는 긍정적인 의도를 가지고 그 행동을 시키는 동기가 있다는 것이다. 예를 들면 담배를 계속해서 핀다는 것은 건강에 나쁜 행위라는 것을 알고 있지만 그 깊은 곳에는 담배를 피는 것으로 쉬는 시간을 만들어 낸다거나, 주변 사람과 소통할 수 있게 한다거나, 스트레스를 줄인다는 등의 긍정적인 의도가 있다는 것이다.

코어 트랜스포메이션이란 이러한 모든 행동들의 가장 핵심에 속하는 긍정적인 의도를 찾아내는 것이다. 현재의 행동은 그 핵심이 되는 긍정적인 의도가 있으며, 그 의도와 현재의 행동이 무관함을 해당 파트에게 인식시키는 것으로 현재 행동을 하지 않도록 하는 것이다.

그러므로 코어 트랜스포메이션은 코어를 찾는 단계와 코어와 작업하는 단계의 두 단계로 구성되어 있다. 이 외에는 파트 테라피를 기반으로 접근하면 된다.

첫 번째 코어를 찾는 것은 파트를 불러낸 뒤에 파트와 대화를 하는 단계에서 시작한다. 파트와 대화를 할 때, 그 행동을 하는 긍정적인 의도가 무엇인지 묻는다. 그 질문은 "○○하는 것으로 얻는 것은 무엇인가요?" 혹은 "○○하는 것으로 무엇을 할 수 있게 되나요?"이다. 긍정적인 의도라는 것은, 피최면자 자신을 더 나은 삶으로 이끌어가고 더 나아지게 하고자 하는 의도를 말한다. 무엇이 되었건, 그 의도를 부정하거나 의도를 평가해서는 안된다.

파트가 자신의 의도를 이야기하면 그 의도가 충족되었을 때 무엇을 하고 싶은지를 묻는다. 혹은 그 의도가 충족되면 무엇을 얻을 수 있는지를 묻는다. 예를 들어 담배를 피우는 것에 있어서 선한 의도가 스트레스를 해소하는 것이라면 "스트레스를 해소하면 무엇을 하고 싶은가요?"라고 묻는다. 그리고 그 답변에 대하여 동일한 질문을 한다. 스트레스를 해소한다면 운동을 하고 싶다는 대답이 나오면 다시 운동을 충분히 원하는 만큼 하면 무엇을 하고 싶은지 묻는다. 이런 식으로 계속해서 답변에 대하여 연쇄되는 질문을 한다.

  이 연쇄되는 질문의 마지막에 코어가 나타난다. 코어가 나타나는 단계에서는 답변이 맴돌이하면서 순환하거나 아무런 말이 나오지 않게 된다. 삶이 여유롭게 되고, 삶이 여유롭게 되면 평화로운 삶을 살며, 평화로운 삶을 살면 삶이 여유롭게 된다는 식의 순환식 답변이 나오거나 삶이 여유롭게 되면 무엇을 할 것인지 물었을 때 아무런 생각이 나지 않는다면 그것이 코어가 드러난 것이다. 모든 현상과 문제들은 이 코어 욕구를 달성하기 위한 것이다. 그러므로 이 코어 욕구를 달성할 수 있다면 수많은 행동과 증상들은 그 의미를 잃고 자연스럽게 사라지게 된다.

  코어가 드러나게 되면 코어와의 작업으로 작업을 종료한다. 코어와의 작업이란 코어가 원하는 것은 노력을 해서 이루는 것이 아니라 저절로 이루어지는 것이며 그저 살아가는 방식임을 학습시킨다. 그러므로 그것을 이루기 위해 노력할 필요는 없고 그저 그렇게 살아가면 된다는 것을 이야기한다.

  코어가 그것을 납득하면 코어가 이루고자 했던 삶이 이루어진 모습을 상상하고 그 안에 몰입시킨다. 그리고 그 상태에서 무엇을 느끼고 있는지 느껴보도록 한다. 그 느낌을 점차 키워서 그 느낌이 온 몸에 가득 차도록 한다.

  작업을 마친 뒤 다시 문제 상황을 떠올리고 동일한 느낌이 드는지 살핀다. 완전히 사라지지 않았다면 다시 파트를 불러내 다른 긍정적인 의도를 물어보고 동일하게 코어 트랜스포메이션을 진행한다.

:: 코어 트랜스포메이션 플로우 차트 ::

1단계 : 최면 유도
2단계 : 최근에 해당 증상/느낌을 느꼈던 때를 떠올리도록 한다.
3단계 : 그 느낌에 집중하여 느낌을 점점 더 강하게 느끼도록 한다.
4단계 : 그 느낌의 모습을 자문자답을 통해 외부에 그려낸다.
5단계 : 피최면자를 중간에 둔 상태로 파트와 소통한다.
6단계 : 파트가 가지고 있는 긍정적인 의도를 찾는다.
7단계 : 파트의 긍정적인 의도가 충족되었을 때, 무엇을 얻게 되는지 묻는다.
8단계 : 7단계를 반복한다.
9단계 : 답이 맴돌거나 아무런 생각이 나지 않으면 코어가 드러난 것이다.
10단계 : 코어에게 그 의도는 노력해서 이루는 것이 아니라, 그저 그렇게 살아가는 것임을 이야기한다.
11단계 : 코어 의도를 이룬 상태를 상상하고 그 때의 느낌에 몰입한다.
12단계 : 11단계의 느낌을 온 몸에 가득 채운다.
13단계 : 다시 증상/느낌을 느꼈던 때를 떠올리고 완전히 사라질 때 까지 반복한다.

3) IFS(Internal Family Systems/소인격체 클리닉)

IFS는 심리학자 리처드 C. 슈워츠(Richard C. Schwartz)에 의해 개발된 기법이다. IFS는 파트를 더 자세하게 분류하고 접근한 기법으로 더욱 섬세한 파트 테라피 작업이 가능하다.

IFS에서는 우선 자기(Self)와 파트(Part)로 정신의 지도를 나눈다. 여기에서 파트란 앞에서 설명한 것과 같이 각자의 기능을 하는 요소들을 말하며 자기란 이것들을 통합적으로 다루고 관리하는 의식적 개념을 의미한다. 우리가 문제 상황이 생기는 이유는 자기가 전면에 나와 파트를 의도에 맞추어 사용하고 다루는 것이 아니라 자기가 배경으로 사라지고 파트들이 각자 통솔되지 않은 채 멋대로 전면에 나와 활동하는 것이 문제라고 본다. 그러므로 자기의 파트 관리 및 통솔 기능을 회복시키고 파트들은 자기와의 신뢰를 통해 자기의 지휘에 따르는 것을 목표로 한다.

파트는 다시 두 분류로 나눌 수 있다. 첫 번째 분류는 보호자(Protector)이다. 보호자는 자기를 지키기 위한 반응 혹은 행동 양식을 뜻한다. 특히 삶 속에서 상처를 입었던 사건이나 고통스러운 관계에서 자신을 지키려고 하는 행동 양식으로 나타난다. 또한 고통스러운 체험이나 기억 등은 억압시키는 것을 통해 그것을 느끼지 못하게 만들기도 한다.

보호자들은 자신을 보호하기 위한 여러 가지 반응과 전략이라고 생각할 수 있다. 예를 들어 사람들과의 관계에서 상처를 받지 않기 위해서 사람들과의 관계를 최소화하려는 전략을 가지고 있는 사람은 그 방식이 그의 보호자가 작동하고 있는 것이다. 혹은 타인이 자신을 비판하지 못하게 하기 위해 항상 착한일을 하고 봉사활동에 매진하는 것도 보호자가 작동하고 있는 것이다. 이렇게 다양한 보호자들이 정신 속에서 작동하고 있으며 각 보호자들이 서로 다른 의도와 목적으로 일하고 있다.

두 번째 파트는 추방자(Exile)이다. 추방자는 과거의 고통을 계속 체험하고 있는 어린아이이다. 이 추방자는 고통을 받았던 시기와 상황을 잘라내어 의식에서 추방된 존재들이다. 그렇기 때문에 이들은 계속해서 고통스러워 하지만 의식에서는 느껴지지 않는다.

이 추방자들은 자신이 추방되었던 때와 비슷한 상황에 처하게 되면 활성화되어 의식 영역에 돌아와 고통을 일으킨다. 예를 들어 어렸을 때 아버지가 술을 먹고 구타했던 경험이 있었다면 이것은 추방자가 되어 곧 의식에서 보이지 않는다. 하지만 비슷한 상황인 나이 많은 어른이 만취한 채로 자신에게 시비를 걸었을 때가 되면 과거의 기억이 재생되면서 추방자가 잠시 의식에 돌아와 고통을 다시 일으킨다. 그러므로 추방자는 모두 의식의 영역으로 재통합시켜야만 한다.

〈 IFS의 자기(하트), 보호자(하트 위), 추방자(장막 뒤) 〉

    IFS는 이러한 관점에서 보호자와 추방자를 모두 만나고 그들을 자기의 의식 영역에 통합시키는 것을 목적으로 한다. 그 결과 보호자는 무조건적으로 모든 상황에 자신의 방식을 주장하지 않고, 추방자는 자신의 고통을 해소하여 더 이상 의식 영역 밖에서 호시탐탐 기회를 엿보지 않는다.

〈 IFS에서 추구하는 최종적인 모습 〉

실제 IFS의 활용은 크게 세 단계로 나누어져 있다. 첫 번째 단계는 보호자와 만나서 보호자와 신뢰 관계를 쌓는 단계이다. 두 번째 단계는 추방자와 만나 신뢰 관계를 쌓는 단계이다. 마지막 단계는 추방자를 치유하고 의식의 일부로 통합시키는 단계이다. 이 세 단계로 IFS를 사용하는데, 최면적 파트 테라피와 함께 적용시키면 강력한 시너지 효과를 일으킨다.

보호자와 만나는 단계는 일반적인 파트 테라피와 크게 다르지 않다. 단지, 여기에서의 목적은 파트 자체를 변화시키는 것이 아니라 파트와의 신뢰관계를 쌓는 것이다. 의식 영역에서 인지되는 파트는 그 자체로 보호자로 작동하고 있는 것이므로 파트 테라피를 하는 것 만으로도 보호자와의 관계를 쌓을 수 있다.

보호자와 만나는 단계에서 반드시 확인해야 할 것이 몇 가지 있다. 우선은 해당 보호자가 가지고 있는 역할은 무엇이며 그것을 위해서 무슨 일을 하고 있는지 확인한다. 다음으로는 이를 통해서 성취하고자 하는 것이 무엇이며 마지막으로는 그 일을 하지 않으면 무슨 일이 일어날 것이라고 생각하는지를 알아내는 것이다. 이는 코어 트랜스포메이션과 유사하게 각 보호자가 가지고 있는 긍정적인 의도를 파악하는 단계이다.

이렇게 보호자에 대해 알아간 뒤에 보호자가 해 온 일들에 감사를 표시하고 인정하는 것으로 보호자와의 신뢰를 쌓는다. 파트 테라피가 파트를 변화시키는 것이라면, 여기에서는 파트를 변화시키지 않고 그 기능을 자신이 사용할 수 있도록 관계를 맺는다는 것이 다르다.

보호자와의 신뢰 관계가 형성되면 보호자를 통해 추방자와 만나도록 한다. 보호자는 자기가 상처를 입을 수 있기 때문에 추방자를 억압하고 내쫓는 기능을 한다. 그러므로 추방자를 만나고 싶다면 보호자의 감시 하에 추방자를 만나야 한다. 하지만 보호자가 자기의 힘을 믿지 못한다면 아무리 요구해도 추방자를 만나게 해 주지 않는다. 그러므로 보호자와 신뢰 관계를 쌓은 뒤에 추방자를 만나게 해 달라는 요청을 할 수 있다.

추방자를 만나는 것도 파트 테라피와 동일한 요령으로 행한다. 보호자에게 해당 증상이나 문제와 연관된 추방자를 불러달라고 한 뒤에, 그 추방자의 이미지를 파트 테라피의 요령으로 구체화한다.

이 때 바로 추방자를 치유하고 문제를 해결하려 해서는 안된다. 추방자의 경우는 보호자 이상으로 자기에 대한 경계심이 강하다. 그러므로 어떤 느낌이 들고 있는지, 무엇 때문에 그렇게 고통스러워하는지를 묻고 그 이야기를 듣는다. 단순히 묻고 대답을 듣는 것 만으로도 추방자와의 신뢰 관계는 쌓을 수 있다.

마지막 단계로 추방자를 치유하는 단계이다. 이 부분은 리그레션과도 통하는 부분이 있다. 추방자와의 신뢰를 쌓았으면 추방자에게 지금 느끼는 고통과 관련된 이미지 혹은 기억을 보여달라고 요청한다. 이 때 많은 경우 리그레션과 같이 만들어내는 것이 아니라 자연스럽게 떠오르는 경우가 많다. 하지만 떠오르지 않는다면 리그레션과 같이 밝은지, 어두운지 등을 묻는 것으로 장면을 구축해 나가는 것도 가능하다.

이렇게 추방자가 가지고 있는 기억을 보여주면, 그 기억을 치유하기 위해 무엇을 해야 하는지 묻는다. 무엇이 필요한지 혹은 무엇이 없어야 하는지, 어떤 부분이 문제이고 어떻게 되기를 바라는지 등을 묻고 그에 필요한 것을 제공한다. 이렇게 당시의 기억을 새로 쓰는 것으로 추방자가 가지고 있는 상처를 치유한다.

추방자의 상처를 치유한 뒤에는 추방자를 고통스러운 추방지에서 데리고 나온다. 여기에는 여러 가지 선택지가 있는데, 치유된 추방자를 자신의 몸 속으로 흡수시킬 수도 있고 자신이 상상하는 낙원에 데려갈 수도 있다. 혹은 자신의 기억 속에서 편안하게 있었던 장소로 데려가는 것도 좋다.

　이렇게 편안한 곳에 추방자를 옮겼으면 추방자가 가지고 있는 짐을 내려놓는다. 추방자가 가지고 있는 짐이란 극단적인 신념을 의미한다. 추방자가 고통스러워 하는 것은 그 극단적인 신념에 의한 것이며, 이제 그것을 포기하고 내려놓을 수 있는지 물어본다. 만약 신념을 포기할 수 없다면 그 짐을 내려놓았을 때 무슨 일이 생길 것이라고 생각하는지 물어본다. 추방자의 대답을 듣고 그 두려움은 걱정하지 않아도 된다고 설득한 뒤에 가지고 있는 짐을 완전히 내려놓도록 한다.

　마지막으로 치유되고 짐을 내려놓은 추방자와 보호자를 만나게 한다. 이제 더 이상 추방자에게서 자신을 보호할 필요가 없으며, 보호자도 추방자와 동일하게 자신을 보호한다는 짐을 내려놓도록 한다. 이 보호자와 추방자 모두가 자신의 정신 속에서 통합되도록 한 뒤에 작업을 마친다.

　　　　　　　　:: IFS 플로우 차트 　::

　1단계 : 최면 유도
　2단계 : 최근에 해당 증상/느낌을 느꼈던 때를 떠올리도록 한다.
　3단계 : 그 느낌에 집중하여 느낌을 점점 더 강하게 느끼도록 한다.
　4단계 : 그 모습을 자문자답으로 외부에 그려낸다.

5단계 : 피최면자를 중간에 둔 상태로 파트(보호자)와 소통한다.

6단계 : 보호자와 이야기하면서 신뢰 관계를 쌓는다.

7단계 : 보호자에게 추방자와 만날 수 있게 해 달라고 요청한다.

8단계 : 추방자와 이야기하면서 신뢰 관계를 쌓는다.

9단계 : 추방자를 치유하고 짐을 내려놓는다.

10단계 : 변화된 추방자와 보호자를 서로 만나게 한다.

11단계 : 보호자의 짐을 내려놓는다.

12단계 : 추방자와 보호자를 의식 속에 통합한다.

13단계 : 다시 증상/느낌을 느꼈던 때를 떠올리고 완전히 사라질 때 까지 반복한다.

4) 빙의 최면(Spirit Deposession)

빙의 최면은 리그레션이 전생 최면으로 발전한 것처럼 파트 테라피가 빙의 최면으로 발전하게 된다. 이것은 전생과 마찬가지로 피최면자 자신이 감당하거나 납득하지 못하는 자신의 내적 요소를 설명하기 위해 귀신과 같은 영적 존재에 의한 것이라고 합리화시키는 과정에 의해 일어난다.

기법적으로는 파트 테라피와 다르지 않다. 단지 파트를 그려낸 뒤에 파트가 어디에서 만들어졌는지를 묻는다. 이 때 파트가 피최면자의 내면에서 만들어진 것이 아니라 외부에서 들어온 것이라면 빙의 최면으로 진행한다.

  빙의 최면과 파트 테라피의 가장 근본적인 차이는 파트 테라피에서는 해당 파트를 재통합하는 것이 목적이라면 빙의 최면에서는 외부에서 들어온 파트를 다시 내보내고 들어오지 않도록 하는 것이 목적이다.

  그러므로 파트 테라피에서는 파트와 소통하며 신뢰를 쌓는 부분이 매우 중요하지만 빙의 최면에서는 해당 파트에게 이름을 듣거나 이름을 붙여주고 명령을 통해 피최면자의 밖으로 내보내는 것이 중요하다. 이 과정에서 파트 테라피와 같이 모습을 바꾸거나 하는 것이 유효하게 사용될 수 있다.

  이것이 최면을 통해 사람의 마음에 접근하고 변화시키는 기본적인 기법들이다. 간략하게 소개한 부분도 있고, 자세히 소개한 부분도 있으나 기본적으로 필요한 부분들은 모두 소개했다고 본다. 이제부터는 이 내용을 기반으로 다양한 실습을 통해 실력을 갈고 닦는 것 만이 남아있을 뿐이다.

08

::

프로 최면가가 되려면?

08 |

여기까지의 내용들로 최면의 핵심적인 지식들은 다 설명했다. 이제 충분한 실천을 거친다면 당신도 프로 최면가로 활동할 수 있을 것이다. 그렇다면 어떻게 하면 프로 최면가로 활동할 수 있을까? 이번 장에서는 최면의 기법적인 내용이 아닌, 최면이라는 비즈니스를 어떻게 구성하고 운영하는지에 대해 설명을 하겠다.

▌전략적인 비즈니스 디자인

　가장 먼저 해야 하는 것은 전략적으로 자신의 비즈니스를 그려보는 것이다. 많은 경우 "아이템이 좋으니까 잘 될거야!"라거나 "이 상품은 많은 사람들이 원하는 상품이니까 잘 될거야!"같은 막연한 낙관론적인 사고를 하고 있다. 하지만 지금은 절대 다수의 시장이 포화 상태에 있다. 그러므로 최대한 자신의 상품을 전략적으로 구성해야만 제대로 된 구매자와 만날 수 있으며 무의미한 시행착오를 거치지 않을 수 있다.

　최면이라는 비즈니스를 가장 효율적으로 디자인 하는 방법은 린 스타트업(Lean Startup)을 시작하는 사람들이 그려보는 린 캔버스(Lean Canvas)를 그리는 것이다. 린 스타트업이란 최대한 핵심적인 부분만을 개발하여 시장에 선보이고 시장에서의 지속적인 피드백을 통해 상품을 개선, 발전시키는 방법을 말한다. 이는 극도의 불확실한 상황 속에서 시장에 효과적으로 적용되는 상품 혹은 서비스를 만들어내는 기업 운영 방식을 말한다.

　린 스타트업은 소규모 단위에서의 스타트업에서 많이 취하는 방식이다. 그러므로 1인 혹은 소규모로 진행하는 경우가 많은 최면 비즈니스와 잘 맞는 방식이라고 볼 수 있다.

　린 캔버스는 린 스타트업에서 빠르게 상품 혹은 서비스를 둘러싼 환경과 전략을 구축하는 데에 탁월한 도구이다. 총 아홉 개의 칸을 채워가는 것으로 막연하게 생각했던 것이 구체화되고 생각하지 못했던 부분을 찾아 보완할 수 있다.

문제(Problem)	해결책(Solution)	고유 가치 제안(Unique Value Proposition)	비교우위(Unfair Advantage)	고객군(Customer Segment)
2	3	7	4	1
	핵심지표(Key Metrics)		채널(Channels)	
기존 대안(Existing Alternatives)	5	상위 개념들(High Level Concept)	6	얼리 어답터(Early Adaopters)

비용구조(Cost Structure)	수익원(Revenue Stream)
8	9

린 캔버스의 각 칸에는 다음과 같은 내용을 채워넣는다. 이 순서는 실제로 린 캔버스를 작성하는 순서이기도 하다. 그러므로 이 순서대로 내용을 채워 넣는 것으로 기본적인 비즈니스 디자인에 대한 프로세스도 잡아갈 수 있을 것이다.

첫 번째로 「고객군(Customer Segment)」을 작성힌다. 여기에는 나의 상품과 서비스를 누구에게 제공할 것인가를 정하는 것이다. 여기는 최대한 구체적으로 작성해야 하며 정량화된 형태로 작성하는 것이 가장 좋다. 단순히 '20대 남성'과 같은 형태로 작성하는 것이 아니라 '직장에서 받은 스트레스로 인해 불면증에 시달리는 사람들'과 같이 구체적으로 작성해야 한다. 가능하면 그 구매자를 눈 앞에 그릴 수 있을 정도로 구체적이어야 한다.

「고객군」 섹션의 아래쪽에는 「얼리 어답터(Early Adaopters)」를 작성한다. 얼리 어답터란 내 상품과 서비스에 빠르게 반응하는 사람들이며, 내 상품과 서비스에 노출되면 곧바로 활동을 시작할 사람들이다. 만약 기존에 가지고 있던 플랫폼이 있다면 여기에 적도록 한다.

두 번째는 「문제(Problem)」이다. 이것은 상품/서비스 제공자가 느끼는 문제가 아닌 고객이 느끼는 문제를 말한다. 이것을 작성해야 하기 때문에 고객을 우선적으로 적은 것이다. 만약 고객이 구체적이지 않다면 그들이 체험하는 문제도 구체적이지 않다. 그러므로 고객을 구체화시킨 뒤에 고객들이 모여 있는 그룹 등을 살피는 것으로 실제 그들이 무엇을 문제로 여기고 있는지를 판단하도록 한다. 이것을 최소 하나, 최대 셋 정도를 적도록 한다. 너무 많을 경우 구성이 복잡해지므로 너무 많지 않도록 한다.

「문제」 섹션의 아래쪽에는 「기존 대안(Existing Alternatives)」을 작성한다. 이미 문제가 존재하고 있고 다른 상품이나 서비스가 그 문제를 해결한다면 이것들이 경쟁 상대가 될 것이다. 이 경쟁 상대들과의 비교 우위 등을 판단하기 위해서라도 기존에 존재하는 대안들을 찾아서 판단해 보는 것은 중요하다.

세 번째는 「해결책(Solution)」을 작성한다. 이것은 내가 제공하는 상품/서비스가 문제를 어떻게 해결할 수 있는가를 이야기한다. 만약 자신의 상품/서비스가 문제를 해결할 수 없다면 고객 혹은 문제를 잘못 판단한 것이다. 가능하면 각 문제점에 대한 해결책을 작성하는 것이 좋고, 구체적으로 어떻게 할 수 있는지를 함께 적어놓는다.

네 번째는 「비교 우위(Unfair Advantage)」이다. 이것은 기존의 대안에 비해 자신의 상품/서비스가 어떠한 우위를 가지고 있는가를 의미한다. 만약 앞의 예에서 사용했던 불면증에 대한 최면 치유 서비스를 제공한다면 약물을 사용하지 않는다, 빠른 시간 내에 효과를 본다,

스스로 여러 번 반복하여 훈련할 수 있다 등의 비교 우위를 판단할 수 있을 것이다.

다섯 번째는 「핵심 지표(Key Metrics)」이다. 이것은 전체적인 로드맵을 그리는 것으로, 전체 과정을 단계별로 나누고 그 단계별로 성과를 나타낼 수 있는 지표를 사용하여 표시하는 것이다. 이것은 이 상품/서비스를 계속하여 제공할지 말지, 다음 단계로 언제 이행할지 등을 결정하는 것으로 비즈니스 전체의 시나리오를 나타낸다.

여섯 번째는 「채널(Channel)」이다. 자신이 만든 상품/서비스를 어떻게 고객에게 도달하게 할 것인지를 의미한다. 즉, 마케팅 방법 및 어떠한 플랫폼을 사용할 것인지를 말한다.

일곱 번째는 「고유 가치 제안(Unique Value Proposition)」이다. 이것은 자신의 서비스 혹은 상품을 단 한 문장으로 표현하는 방법이다. 고객이 듣자마자 바로 지갑을 열 수 잇는 제안 문구여야 한다. 많은 경우 「고객이 바라는 결과」+「사용 기간」+「이의 처리」의 구조로 제시한다. 앞의 예시인 불면증이라면, 「4회 상담으로 불면증이 해결되지 않으면 100% 환불!」과 같이 구성한다. 혹은 해당 상품/서비스만이 가지고 있는 강점을 문장으로 표시하는 것도 가능하다.

이 아래쪽에는 「상위 개념들(High Level Concept)」에 대해 다룬다. 이는 상품/서비스가 포함되는 상위 카테고리 혹은 그와 유사한 인접 분야들을 적는 것이다.

여덟 번째로 가장 아래쪽에 있는 「비용 구조(Cost Structure)」를 적는다. 이것은 해당 사업에 비용이 어떻게 들어갈지를 작성하는 것으로, 고정비를 비롯한 장기적인 비용, 단기적인 비용으로 나누어서 작성한다. 여기에서의 결과에 따라 손익 분기점을 잡을 수 있고 계속해서 사업을 진행해야 할지, 말지를 결정할 수 있다.

마지막인 「수익원(Revenue Stream)」은 수익화 방법을 말한다. 이것을 가장 마지막에 작성해야만 자신의 상품과 서비스를 얼마에 어떻게 제공할 것인지를 정리할 수 있다. 「최면 상담 회당 얼마, 몇회 이상시 1회 무료」와 같은 방식으로 어떻게 수익화를 이룰 것인지를 구성하는 것이며 최대한 지금까지 구성한 범주 내에서 다각화하여 다양한 방식으로 수익을 내는 것이 중요하다.

아마도 이런 내용은 최면을 배우면서 한 번도 생각한 적이 없는 내용일 것이다. 하지만 최면 뿐만이 아니라 모든 비즈니스는 이렇게 구조적으로 구성된 뒤에도 망하는 것이 비일비재하다. 만약 이런 구조와 전략 없이 시장에 뛰어든다면 처참하게 망할 것이다.

▌최면 인증서의 진실

많은 사람들이 최면 교육을 마치고 최면 인증서를 받아간다. 그리고는 자신의 상담실이나 홈페이지에 걸어놓고 최면가라고 스스로를 칭한다. 어떤 사람들은 유명한 교육 기관에서 수백시간의 교육을 받고는 그 수료증을 걸어놓는다. 과연 이런 증서가 의미가 있을까?

물론 전문화된 교육 과정을 이수하고 최면적 실력을 키우는 것에는 의미가 있을 수 있다. 하지만 여기에서는 최면 실력적인 의미가 아니라 비즈니스적 관점에서 본다면 사실상 최면 인증서는 큰 의미가 없다. 왜냐하면 아무리 좋은 교육 기관에서 교육을 받았다 한들 대부분의 사람들은 그 교육 기관이 어디에 있는지 조차 모르기 때문이다.

그러므로 최면 인증서가 최면 비즈니스를 하는 것에 필수적인 것은 아니다. 꼭 불안하다면 몇몇 온라인 교육 기관 등의 교육 과정을 수료하고 그 수료증을 걸어두는 정도면 충분하다. 오히려 최면이 아니라 다른 상담 관련 자격증을 딴 뒤에 최면을 함께 한다는 것으로 비즈니스 세팅을 하는 것이 더 도움이 된다.

예를 들면 미술 치료는 많은 사람들이 알고 있다. 그러므로 미술치료와 관련된 공신력 있는 자격증을 가지고 있는 것이 아무리 훌륭한 최면 인증서를 가지고 있는 것 보다 사람들에게 더 큰 신뢰를 준다. 그러므로 미술 치료 자격증을 따고 최면을 병행하는 것이 더 나은 최면 인증서를 따는 것 보다 유리하다.

특히 린 캔버스 구상을 통해서 자신이 타겟으로 잡았던 고객군에 적합한 자격증을 따는 것이 좋다. 예를 들어 부모들을 대상으로 했다면 아동 상담과 관련된 자격증이나 학습과 관련된 자격증을 따는 것이 더 도움이 된다. 또한 이 자격증은 하나만 가지고 있는 것이 아니라 두 개 이상의 자격증을 소지하고 있는 것이 신뢰할 수 있으며 전문성 있는 상담가라는 이미지를 심어줄 수 있다.

▍최면 상담실과 사무실 세팅하기

많은 최면가들의 꿈은 아늑한 자신만의 상담실을 만들고 꾸미는 것일 것이다. 하지만 비즈니스적 입장에서 본다면 상담실을 유지하는 것은 만만치 않은 고정비를 지출하게 된다. 단순히 상담실을 빌리는 비용 뿐만이 아니라 각종 광열비를 비롯한 관리비 등이 상담실을 운영하면서 들어가게 된다. 그러므로 사업 초기에는 고정비가 크게 나가지 않도록 상담실 운영 계획을 짤 필요가 있다.

우선 소호 사무실을 빌리도록 한다. 많은 소호 사무실은 1인 기준으로 약 10만원 전후의 임대료로 업무 공간을 빌려준다. 만약 집에서는 업무를 볼 수 없다면 1인 소호 오피스를 임대하여 그곳에서 업무를 보는 것도 좋다.

만약 실제로 업무를 보는 공간이 필요하지 않다고 해도 가상 오피스 혹은 버추얼 오피스 서비스를 이용하여 업무용 주소를 따로 두는 것이 좋다. 만약 집과 업무 공간의 주소가 동일할 경우, 우편물이 섞이는 등의 문제가 생길 수 있기 때문이다. 가상 오피스의 경우 5만원 전후의 비용을 받고 있다.

어째서 이런 오피스가 필요할까? 그것은 다른 무엇보다 최면가의 명함에 사무실의 주소를 적어 넣어야 하기 때문이다. 만약 누군가에게 명함을 받았을 때, 그곳에는 이름은 물론이고 사업장의 연락처, 주소 등이 적혀있는 것이 당연하다고 생각한다. 주소가 빠진 명함은 단순한 종잇장 이상이 되지 못하며 오히려 명함을 받은 사람의 신뢰도가 떨어지는 요인이 된다.

두 번째로 실제 상담을 진행하는 상담실은 두 가지 방법이 있다. 첫 번째는 토즈 등과 같은 스터디룸을 빌려서 사용하는 것이다. 이 방법은 서울 인근을 기준으로 했을 경우 쉽게 공간을 빌릴 수 있으며 접근성이 좋다는 장점이 있다. 하지만, 많은 경우 공간이 좁고 최면가와 피최면자 사이에 책상을 두고 있는 경우가 있어서 최면을 하기에 불편하다는 단점이 있다.

두 번째 방법으로는 상담 공간을 임대하는 전문 상담 센터의 공간을 빌려 사용하는 것이다. 이것은 장소가 제한적이고 스터디룸에 비해 다소 비용이 비싸다는 단점이 있지만, 상담을 위한 공간이므로 분위기가 편안하고 상담을 위한 여러 서비스가 잘 되어 있다는 장점이 있다.「상담실 임대」등의 검색어를 이용하면 이런 공간 대여 서비스를 찾아볼 수 있으므로 사용해 보면 좋을 것이다.

▎온라인 마케팅

자격증과 사무실을 열었다면 이제 본격적으로 고객이 될 사람들과 만나야 할 것이다. 이제는 온라인을 사용하지 않고는 어떤 비즈니스도 할 수 없다. 그러므로 기본적인 온라인 마케팅을 어떻게 하면 좋을지에 대해 이야기를 하도록 하자.

가장 우선적으로는 SNS를 개설해야 한다. SNS는 고객 혹은 예비 고객들이 나와 소통할 수 있는 창구가 된다. 골수팬 1,000명만 있다면 무엇을 해도 생활을 유지하는 것이 가능하다는 이야기가 있다. 하지만 이를 위해서는 항상 이 팬들과 직접 소통할 수 있는 창구가 필요하다. 이 창구의 기능을 SNS가 해 주고 있다.

그러므로 SNS는 선택 사항이 아니라 필수 사항이라고 생각해야 한다. 또한 한 개의 SNS만 운영하는 것이 아니라 두 개 이상의 SNS를 운영해야 한다. 그러므로 최소한 두 개의 SNS를 운영한다고 생각하자. 왜냐하면 하나의 플랫폼만 운영하게 된다면 다른 플랫폼에서 활동하는 잠재적 고객들을 모두 잃는 것이기 때문이다.

  SNS의 선택은 고객들이 주로 어떤 SNS를 사용하는지에 따라 결정한다. 이를 결정하는 핵심적인 요소는 연령이다. 고객의 연령에 따라 어떤 SNS를 사용할 것인지를 결정해야 한다. 2016년 닐슨 코리아에서 조사한 결과에 따르자면 10대는 페이스북(1위)과 인스타그램(2위), 20대 역시 페이스북(1위)과 인스타그램(2위)이 대다수를 차지했다. 하지만 30대의 연령으로 접어들면서 카카오스토리(1위)와 네이버 밴드(2위)로 주로 사용하는 SNS 플랫폼이 달라졌고 40대 이상에서는 밴드(1위)와 카카오스토리(2위)로 나타났다. 그러므로 자신의 대상 고객들이 어느 연령대에 속해 있는지에 따라 주로 사용하는 SNS 플랫폼이 페이스북/인스타그램이 될지 아니면 카카오스토리/밴드가 될지를 결정하게 된다.

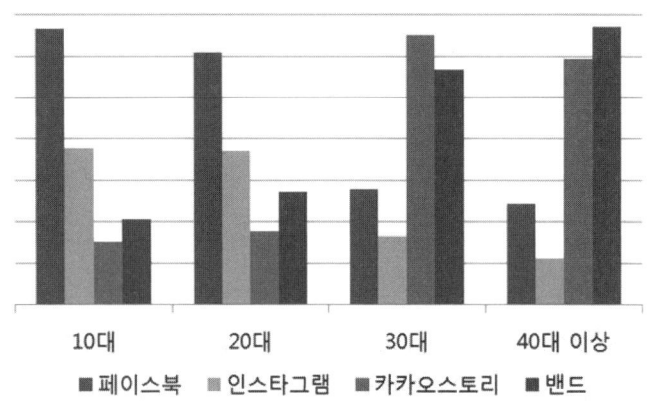

SNS를 결정한 뒤에는 홈페이지를 만들어야 한다. 홈페이지를 잘 만들 필요는 없다. 하지만 홈페이지가 있는가, 없는가는 그 사람의 전문성과 신뢰성에 대한 중요한 심리적 척도가 된다. 홈페이지를 가지고 있지 않고 SNS만 운영하는 사람은 공적이지 않은 느낌이지만 홈페이지를 함께 운영하는 사람이라면 신뢰할 수 있는 느낌을 받는다.

또한 홈페이지는 광고 등을 통해서 고객이 가장 처음 보는 랜딩 페이지(Landing Page)로 활용하기 위해서도 중요하다. 페이스북 광고 등의 수단을 이용한다고 했을 때, 홈페이지가 아닌 SNS 혹은 네이버 카페 등으로 연결되면 갑자기 신뢰성이 바닥을 친다.

홈페이지는 나의 온라인 명함이라고 생각해야 한다. 그러므로 많은 정보를 담고 있지는 않아도 내가 무엇을 하는지, 어떻게 연락을 하는지가 꼭 필요하고 다른 무엇보다 깔끔하고 바로 이해하기 쉽게 구성되어 있어야 한다. 만약 누군가 나를 소개했다고 하면, 그 사람이 가장 먼저 찾아보는 것은 내 이름으로 된 홈페이지가 있는가가 된다. 그러므로 홈페이지는 얼굴과 같으며 잠재적 고객의 첫인상을 결정하는 것이므로 신경써서 만들어 둬야 한다.

▍전문성을 확립하는 방법

사무실과 SNS, 홈페이지를 만들었다면 이제 가장 기본적인 뼈대를 세운 것과 같다. 하지만 사람들은 '나'라고 하는 최면가가 세상에 존재하는지 조차 모르는 경우가 많다. 또한 나를 안다고 해도 과연 내가 제공하는 상품과 서비스가 신뢰할 수 있는지가 의심스러운 경우가 많다. 그러므로 기본적인 비즈니스의 뼈대를 구축했다면 이제부터는 최면가 혹은 상담가로써의 전문성을 확보할 때이다.

1) 책

　전문성을 가장 빠르게 확립시킬 수 있는 방법은 역시 책이다. 특히 자신의 전문 분야에 대한 책을 쓰는 것으로 상담가적 전문성은 매우 높은 수준으로 상승한다. 그러므로 시간이 있을 때마다 틈틈이 글을 쓰면서 최대한 빠른 시일 내에 책을 내는 것이 가장 좋은 방법이다.

　최근에는 출판사와 계약하지 않고도 책을 낼 수 있는 방법이 여러 가지 있다. 그 방법 중 가장 많이 사용하는 방법은 전자책을 제작하여 간행하는 것과 POD 출판이 있다. 이 두 가지 모두 개인이 어렵지 않게 책을 낼 수 있는 방법이므로 꼭 시도해 보기를 바란다.

　개인이 책을 내는 방법에 대해서는 다크아트 출판사에서 나온 「책 쓰기의 배신」과 「무료 프로그램으로 책 한 권 만들기」에서 자세히 설명되어 있으므로, 책을 내는 방법이 궁금한 사람은 참고해 보기를 바란다.

2) 언론 홍보

　두 번째로 전문성을 빠르게 확립시키는 방법은 언론에 기사를 노출시키는 것이다. 많은 사람들이 언론의 신뢰성에 대해 물음을 표시하지만 그럼에도 아직도 언론은 매우 신뢰성 높은 매체임에는 틀림없다. 그러므로 언론에 홍보를 할 수 있다면, 다른 사람들에게 자신을 소개할 때 언론에 소개된 기사를 보여주는 것으로 신뢰성과 전문성을 보일 수 있다.

그 자세한 방법에 대해서는 공개적인 곳에서 설명하기에는 어려운 부분이 많으므로 앞에 설명한 「책쓰기의 배신」과 「무료 프로그램으로 책 한 권 만들기」의 저자인 박효진 기자에게 컨설팅을 받기를 바란다.

3) 최면 컨텐츠

마지막 방법은 다양한 최면 컨텐츠를 제작하여 많은 플랫폼에 배포하는 것이다. 이것은 가능한 한 많이, 오래 배포하게 되면 마치 은행 복리 이자와 같이 시간에 따라 큰 도움이 된다.

최면 컨텐츠는 크게 두 가지를 생각해 볼 수 있다. 한 가지는 최면 음원이며, 또 한 가지는 최면 영상이다. 최면 음원은 최면 세션을 들으면서 할 수 있도록 녹음하는 것이 가장 대표적이다. 또는 간단한 최면적 강의를 5분~10분 정도의 길이로 녹음하는 것도 좋을 것이다.

최면 영상은 강의 영상과 세션 시연 영상으로 나눠 볼 수 있다. 이 두 가지 모두 최면가가 최면에 대해 얼마나 능숙하며 깊은 정도의 지식을 가지고 있는가를 보여준다. 특히 최면 강의 영상은 차후에 최면 상담이 아니라 최면 강의라는 새로운 수익 모델로 나아갈 때 좋은 수

단이 된다.

만약 이런 최면 컨텐츠를 제작하고 싶다면, 협력사인 스타일라이프 프로덕션(http://sl-corp.com/) 에서 전문 최면 비즈니스 컨설턴트가 함께 제작을 지원하고 있으므로 연락하여 제작을 의뢰해 보는 것도 좋을 것이다.

▎최면 강의 하기

앞에서 가볍게 설명했지만 최면 비즈니스의 또 한 가지 수익화 모델로는 최면 강의가 있다. 이것은 어느 정도 최면에 대해 공부를 한 뒤에 진행하는 것이 좋으며 특히나 꾸준히 자신과 교류하는 사람들이 있을 때에 사용 가능한 수익화 모델이다.

많은 경우 최면 강의를 한다고 하면 임상 최면 클래스를 여는 경우가 많다. 하지만, 대다수의 사람들에게 최면을 통해 사람들을 치유하는 것은 그다지 매력적인 주제가 아니다. 그러므로 자신의 타겟 고객들이 무엇을 필요로 하는지를 우선적으로 이해해야 할 필요가 있다.

이렇게 타겟 고객들의 니즈를 파악했다면, 그 니즈와 관련된 해외의 최면 강의가 있는지 살펴본다. 특히 미국의 경우에는 매우 다양한 형태로 최면과 최면 응용 기법들이 연구되어 있다. 그러므로 이러한 해외의 강의들을 기반으로 하여 자신은 어떻게 프로그램을 구성할 것인지 생각해 본다.

이렇게 최면에 대한 매우 넓은 분야를 다루었다. 최면에 대한 기본적인 이해에서 시작해서 확실하게 최면 상태로 유도하는 방법, 최면적인 치유에 더하여 최면적 비즈니스까지 포함시켰다. 아마 이 정도만 알아도 어지간한 최면가들보다 훨씬 깊은 지식을 가지고 있다고 볼 수 있을 것이다.

만약 이 책에서 다루는 정보들에 대해 더 깊이 알고 싶다거나, 개인적으로 교습을 원한다면 저자에게 연락하여 개인교습을 신청할 수 있다. 저자가 교습을 하는 주제는 책에서 설명한 「최면 유도법과 치유 기법」, 「최면 비즈니스」, 「온라인 마케팅」 부분이다. 저자의 입장에서는 가능한 한 최대한의 정보와 자료를 담았지만, 글로는 전하기가 어려운 부분들이 많은지라 실제로 실천을 해 보고 막히는 부분에 대해 개인교습으로 해결을 할 수 있다면 최면을 통해 정말로 다른 세상으로 한 단계 나아가게 될 것이다. 그러면, 지금까지 이 책을 읽어 온 모든 독자들의 건승을 빈다.